CES 101 MOTS VENUS D'AILLEURS

Direction éditoriale : Stéphane Chabenat
Éditrice : Marine Foufelle
Conception graphique et mise en pages : Nord Compo
Conception graphique de la couverture : Charlotte Thomas

Les Éditions de **l'Opportun**
16, rue Dupetit-Thouars
75003 Paris
www.editionsopportun.com

SOPHIE
DUBOIS-COLLET

CES 101 MOTS VENUS D'AILLEURS

quand notre vocabulaire a fait un long voyage

Opportunéditions

À mon père.
De mots, d'où qu'ils viennent,
je n'en ai pas trouvé pour définir
le vide immense que tu as laissé.

À Arlette Descrouet,
ma marraine, qui a rejoint les étoiles.
Étoile, *stella* en latin classique, astre,
lumière, comme celle que tu étais
et qui restera à jamais dans mon cœur.

SOURCES

L'origine des mots varie d'une source à l'autre, tout comme l'histoire qui s'y rattache.

Pour écrire ce livre, je me suis essentiellement appuyée sur ces sources :

Dubois Jean, Mitterand Henri, Dauzat Albert, *Grand Dictionnaire étymologique & historique du français*, Paris, Larousse, 2005.

Dictionnaires de l'Académie française de la première édition de 1694 à l'édition actuelle.

Dictionnaire historique de la langue française, sous la direction de Alain Rey, Paris, Le Robert, 2010.

Picoche Jacqueline, *Dictionnaire étymologique du français*, Paris, Le Robert, Collection Les Usuels, 2006.

SOMMAIRE

PRÉFACE

La langue française est une langue vivante et, comme toute chose vivante, elle bouge et évolue. Dans les manuels scolaires, on apprend que nos ancêtres sont les Gaulois, ce qui devrait être la base de notre langue. Pourtant, il ne nous en reste quasiment rien. Une grande partie de notre vocabulaire vient du grec et du latin.

Souhaitant une unification, l'empereur Charlemagne (742-814), dont la langue maternelle était pourtant le francique, langue des régions peuplées par les Francs, réforma le latin qu'il parlait couramment. On simplifia la syntaxe et on forma de nombreux néologismes à partir de mots latins qui passèrent dans le langage courant.

En France, en 1539, les articles 110 et 111 de l'ordonnance de Villers-Cotterêts, décidée par François Ier, imposent le français comme langue officielle du droit et de l'administration en lieu et place du latin. C'est la première pierre de l'édifice qui unifiera le pays autour de la même langue.

Dix ans plus tard, le poète Joachim du Bellay écrit *La Défense et illustration de la langue française*, un texte dans lequel il défend le français et en profite pour exprimer toute sa reconnaissance à François Ier, protecteur des arts et des lettres. Les poètes de La Pléiade, dont il fait partie, en feront leur manifeste.

Au siècle suivant, en 1635, le cardinal de Richelieu fonde l'Académie française. L'institution a pour mission – ce qui est encore valable aujourd'hui – de veiller sur la langue, de rappeler son bon usage et d'établir des règles orthographiques qui, au XVIIe siècle, ne sont pas vraiment fixées.

L'unification du français va demander bien davantage de temps que l'avaient prévu François Ier et le cardinal de Richelieu.

Lorsqu'à la fin du XVIIIe siècle l'abbé Grégoire se lance dans une enquête de plusieurs années pour savoir quelle langue est parlée en France, il en ressort que seul un Français sur cinq utilise le français. Les autres emploient au quotidien une langue régionale et même souvent un patois. Dans le but d'unifier la langue, toujours, il rédige alors un « Rapport sur la nécessité et les moyens d'anéantir les patois et d'universaliser l'usage de la langue française ».

Le latin demeura cependant encore pendant des décennies la langue véhiculaire des savants et de l'Église, et les patois, celles parlées par les gens du peuple, dans les campagnes.

Un tournant radical est pris en 1881 et 1882, lorsque le ministre de l'Instruction publique, Jules Ferry, fait adopter deux lois rendant l'instruction primaire gratuite, obligatoire et laïque. L'enseignement se fera uniquement en français.

En parallèle, le cours de l'histoire, en mélangeant les peuples, n'a cessé d'enrichir le vocabulaire courant. Entre les invasions vikings au VIIIe siècle, les croisades, les colonisations et les échanges culturels, des mots sont passés d'une langue à une autre.

En les employant au quotidien, on ne se doute pas toujours qu'ils ont fait un long voyage avant d'arriver dans nos dictionnaires français.

A

ABRICOT

L'ITINÉRANT

L'abricot poussait à l'état sauvage, en Chine, bien avant notre ère. La légende raconte que ce serait Alexandre le Grand qui en aurait rapporté en Occident par la route de la Soie. Les Grecs le découvrirent en Arménie et c'est pourquoi, pragmatiques, ils lui donnèrent le nom d'*armeniakon*, « fruit d'Arménie ». Les Romains, eux, le baptisèrent « fruit précoce », *praecoquum*, mot composé à partir de *prae* qui marque l'antériorité et *coquum*, tiré du verbe *coquere*, signifiant « mûrir, cuire » ou « digérer ». Les Grecs leur empruntèrent ce terme, mais en l'adaptant à leur langue, ce qui donna *praikókion*.

C'est sous ce terme que, au premier siècle, tandis que sa culture se multiplia largement autour de la Méditerranée, il fut mentionné dans *Peri hulês iatrikês*, « La Matière médicale » du médecin, pharmacologue et botaniste grec, Dioscoride.

À leur tour, les Arabes voulurent utiliser le nom de ce fruit, mais comme il n'existe pas de son [p] dans leur langue, ils le remplacèrent par le son [b], et ainsi naquit le mot *barqùq*. Ce furent ensuite les Espagnols qui s'en servirent avec l'article indéfini arabe *al* qui, phonétiquement, donna le mot *albaricoque* et *al-bercoc*, en catalan. C'est de là que les Français tirèrent le mot *abricot*.

Au XVI[e] siècle, le naturaliste suisse Gaspard Bauhin lui attribua son nom scientifique, *prunus armeniaca*, toujours utilisé aujourd'hui. Jean-Baptiste de La Quintinie, jardinier et agronome, fit pousser des abricotiers à Versailles pour satisfaire le palais de Louis XIV, mais la culture du fruit ne se répandit vraiment dans l'Hexagone qu'au XIXe siècle, où l'on en compte une cinquantaine de variétés.

Il séduit les auteurs à l'instar de Flaubert qui, en 1857, en parle dans *Madame Bovary*. Rodolphe, le premier amant d'Emma, se fait cueillir une corbeille d'abricots. Dans son *Dictionnaire des idées reçues*, à « Abricots », il donne cette définition : « Nous n'en aurons pas encore cette année ». En 1873, Émile Zola est moins laudatif quand, dans *Le Ventre de Paris*, il décrit « des abricots cadavéreux, d'un jaune infâme de sorcière » vendus par « une vieille marchande, une ivrognesse affreuse ». Marcel Proust parlera plus poétiquement de « tarte à l'abricot », dans *À l'ombre des jeunes filles en fleurs*, en 1918, mais aussi bonne soit-elle, jamais elle ne détrônera sa fameuse madeleine qui lui évoquait tant de souvenirs.

ALCOOL

DE LA POUDRE AUX YEUX

Bien qu'il soit interdit de boire de l'alcool dans les pays musulmans, le mot vient de l'arabe. Cependant, il n'avait pas le même sens qu'on lui connaît aujourd'hui. L'*al-kuhl* était une poudre d'antimoine pulvérisée que l'on utilisait notamment pour le maquillage des yeux.

Au Moyen Âge, les alchimistes employaient ce mot pour parler de toute substance pulvérisée.

Il rentre dans le Dictionnaire de l'Académie française en 1762 comme « terme de chimie emprunté de l'arabe. Poudre impalpable ou extrêmement divisée. » Les académiciens ajoutent que l'on fait de ce mot un usage impropre pour parler de « l'esprit de vin parfaitement déflegmé, c'est-à-dire dégagé de sa partie aqueuse. C'est ainsi qu'on dit de l'esprit de vin alcoholisé, ou de l'alcohol de vin [*sic*]. » Écrit jusqu'alors « alcohol », il change d'orthographe, pour prendre celle que nous lui connaissons aujourd'hui, dans l'édition de 1835. Il n'est alors plus question de poudre pour les yeux – des travaux de chimie étant passés par là –, mais de spiritueux. En 1913, Guillaume Apollinaire emploiera le mot au pluriel et en fera le titre de son recueil rassemblant quinze ans de poésie, dont le célèbre poème « Zone » dans lequel il écrit sans ambiguïté : « Et tu bois cet alcool brûlant comme ta vie/Ta vie que tu bois comme une eau-de-vie ».

ALGÈBRE

DE LA CHIRURGIE AUX MATHÉMATIQUES

Comme de nombreux termes mathématiques, algèbre vient de l'arabe *al-djabr*, « contrainte », « réduction », à la forme la plus parfaite. Il va d'abord s'appliquer à une technique chirurgicale consistant à remettre un membre démis, une réduction de fracture.

À partir du IXe siècle, avec le mathématicien, géographe et astrologue, Al-Khwârizmî, père de l'algèbre, le mot entrera dans le vocabulaire mathématique et qualifiera une réduction de calculs avec les chiffres arabes, ceux que nous utilisons aujourd'hui. Tandis que l'on va latiniser le nom du savant originaire de l'actuel Ouzbékistan pour former le mot *algorithme*, algèbre va passer par l'espagnol, puis par le latin médiéval *algebra* pour arriver en français au XIVe siècle.

Le Dictionnaire de l'Académie, dans sa première édition, en 1694, donne cette définition : « Espece d'Arithmetique universelle qui considere le plus & le moins en tout genre, & qui se sert des lettres de l'Alphabet & d'autres signes au lieu des chiffres ordinaires [*sic*]. » L'exercice semble tellement compliqué que les académiciens expliquent que l'on dit au sens figuré « d'Un homme qui n'entend rien du tout à une chose dont on parle, Que c'est de l'algebre pour luy [*sic*]. » Une expression encore présente dans l'édition en cours.

Dans le tome 1 du *Dictionnaire universel François et Latin, appelé vulgairement Dictionnaire de Trévoux*, daté de 1771, l'algèbre est présentée comme une « science par le moyen de laquelle on peut résoudre tout problème dans les mathématiques, pourvu qu'il puisse être résolu... ». Néanmoins, la définition n'est pas universelle, car le *Dictionnaire* nous dit plus loin que les Arabes « l'appellent l'*Art* de la restitution & de la comparaison, ou l'*Art* de la résolution & de l'Equation [*sic*]. » Il cite ensuite Luc de Burgos qui serait le plus ancien Européen à avoir parlé de l'algèbre et « l'appelle la *Règle* de la restauration ou du rétablissement & de l'opposition. » Il mentionne également les Italiens qui « la nomment *Regula rei & census*, c'est-à-dire, la règle de la racine & du carré ». Il fait un retour sur l'étymologie du mot et cite l'orientaliste français Barthélemy d'Herbelot de Molainville qui a expliqué que nous le tirons « de *Gebr*, mot duquel avec l'article *al*, nous avons fait *Algèbre*, qui est arabe tout pur, & qui signifie proprement la réduction des nombres rompus à un nombre entier. » Et d'ajouter que : « les Arabes ne se servent jamais de ce mot seul, pour signifier ce que nous entendons par *Algèbre* ; mais ils y joignent toujours celui de *Macadelah*, qui signifie *opposition & comparaison* ».

Le *Dictionnaire général de la langue française* de Messieurs Guérard et Sardou, en 1864, apporte une autre définition, ambiguë elle aussi : « science qui traite des quantités en général, représentées par des lettres de l'alphabet. » Donnant ainsi définitivement raison au Dictionnaire de l'Académie. L'algèbre c'est, en effet, de l'algèbre pour beaucoup…

ANANAS

LE FRUIT PARFUMÉ

Ce sont les Portugais qui nous firent connaître ce fruit du Brésil où, en tupi-guarani, groupe de langues amérindiennes, on l'appelait *ana-ana*, « parfum des parfums ». Christophe Colomb le découvre en Guadeloupe, en 1493, mais il faut encore attendre quarante ans pour qu'il soit présenté à la cour d'Espagne. Le voyageur et écrivain français Jean de Léry, qui a visité le Brésil, en parle dans son livre *Histoire d'un voyage fait en terre du Brésil, autrement dite Amérique*, publié en 1578, mais l'ananas ne rentre que dans la quatrième édition du Dictionnaire de l'Académie, en 1762, avec cette définition : « Plante qui vient originairement du Pérou, & qui porte un fruit très-estimé [*sic*]. »

Son origine varie au fil des années. Dans l'édition de 1798, le Dictionnaire indique que l'ananas est une plante qui « croît entre les Tropiques et qu'on élève en Europe dans des serres chaudes. » Et dans les trois éditions suivantes – 1835, 1878 et 1935 –, il notera : « Plante originaire d'Inde ». Également appelé *Piña* en raison de sa ressemblance avec la pomme de pin, il reste longtemps un fruit de luxe, que l'on ne consomme qu'à la cour des rois. En témoigne le peintre et graveur hollandais Hendrick Danckerts, qui représente dans un tableau de 1675 le roi Charles II d'Angleterre sur une terrasse, tandis que son jardinier, John Rose, s'agenouille devant lui pour lui offrir un ananas. Ce fruit lui avait été expédié de la Barbade et le souverain, commanditaire de l'œuvre, souhaitait en faire la promotion.

En France, Louis XIV demande qu'on en plante sous serre au château de Choisy-le-Roi, pour sa maîtresse, Madame de Maintenon. Ce n'est cependant que sous Louis XV que le responsable du potager royal, Louis le Normand, parviendra à cultiver les premiers ananas de l'Hexagone dans une serre dite hollandaise, c'est-à-dire basse, à toiture arrondie et chauffée au fumier.

L'ananas restera le fruit des rois et le roi des fruits jusque dans les années 1970 où il commencera à se démocratiser. Il servira même de modèle pour fabriquer des pieds de lampes, très à la mode, qui finiront par le mettre en pleine lumière.

ANORAK

LA VESTE QUI VINT DU FROID

C'est à partir du nom *anoré* signifiant « vent », en inuktitut, la langue des Inuits, que s'est formé le mot « anorak », pouvant se traduire par « qui protège du vent ».

Il est rapporté en France sous le terme d'« anorach », par Jean-Baptiste Charcot en 1905, après la première expédition française en Antarctique. Ce n'est néanmoins qu'à partir des années 1960, avec la mode des sports d'hiver, qu'il rentre dans le vocabulaire courant pour qualifier une veste chaude, imperméable à capuchon.

Dès le début des années 2000, le mot sera beaucoup moins employé. Pour parler d'une veste de sport garnie de duvet ou de matière synthétique, on préférera le mot « doudoune », bien que le Dictionnaire Larousse le définisse comme familier. À ce jour, il n'a d'ailleurs pas fait son entrée dans le Dictionnaire de l'Académie française, contrairement à « anorak » qui est entré dans l'édition actuelle.

AUBERGINE

UN LÉGUME DOUTEUX

L'aubergine était très appréciée en Orient, où on la cultivait huit cents ans avant notre ère. Son nom vient du persan *bâdindjân*. Il passa par l'arabe *al-bàdindjàn*, puis par le catalan *alberginia* avant d'arriver dans notre vocabulaire au milieu du XVIIIe siècle. Ce légume a longtemps souffert d'une très mauvaise réputation, car il appartient à la famille des solanaceae, à l'instar de la mandragore, la plante des sorcières.

Au XVIe siècle, un botaniste allemand affirma même que « le nom de l'aubergine doit effrayer ceux qui ont souci de leur santé. »

Le Dictionnaire de l'Académie française de 1762 signale que « sa chair a un goût un peu fade ; mais bien assaisonnée, elle n'est pas désagréable. On prétend que l'usage n'en est pas bien sain. »

Si elle s'est implantée dans le bassin méditerranéen grâce aux navigateurs arabes, puis s'est développée en Italie et dans le sud de la France, dans le reste de l'Hexagone, on continua de suspecter sa couleur et on la surnomma la « pomme qui rend fou ».

Il faudra attendre le début du XXe siècle pour qu'elle apparaisse sur les marchés de la capitale.

AVOCAT

UN FRUIT APHRODISIAQUE

L'avocat est le fruit de l'avocatier, un arbre tropical à feuilles persistantes qui appartient à la famille des lauriers. Il est originaire d'Amérique centrale où il était déjà consommé il y a plus de 8 000 ans par les populations préhispaniques. Son nom vient d'ailleurs du nahuatl *ahuacalt* qui signifie « testicule », par analogie à sa forme.

Les Mayas et Aztèques lui conféraient des vertus aphrodisiaques et c'est pourquoi ils s'interdisaient d'en consommer lors des festivités religieuses. L'avocat fait partie des cadeaux qui furent offerts à Hernán Cortes quand il arriva au Mexique. Les conquistadors l'importèrent dans les Caraïbes et dans toute l'Amérique du Sud, puis en Europe. C'est à la cour d'Espagne, au début du XVIIe siècle, qu'on le goûte pour la première fois, mais sa culture reste anecdotique. En revanche, on le cultive aux Antilles, dès 1750, puis en Californie, avant de l'introduire en Afrique, en Australie, en Israël et de nouveau en Espagne.

En France, sa commercialisation n'a vraiment commencé que dans les années 1950 grâce à l'épicier Paul Corcellet, installé dans la capitale, qui le propose sur ses étals. Cependant, son prix reste élevé et il faudra encore attendre trente ans et notamment la mode de la cuisine tex-mex pour le retrouver dans les assiettes des familles.

B

BABOUCHE

UNE CHAUSSURE ORIENTALE

La babouche a fait un long chemin avant d'arriver jusqu'à nous. Elle vient du persan *pâpoûch*, « qui couvre le pied ». Elle est ensuite passée par l'arabe et le turc, *pàpuš*, « chaussure », puis par l'italien et l'espagnol pour arriver en France au XVIe siècle.

Dans la seconde édition de son Dictionnaire, l'Académie parle de « pantoufle ou de mule en cuir du Levant ». Ces chaussons sans contrefort ni talon deviennent à la mode aux XVIIIe et XIXe siècles lorsque les artistes et savants voyagent en Orient. Le peintre Eugène Delacroix fait une *Étude de babouches*, entre 1823 et 1824, et l'on peut en voir dans d'autres de ses tableaux comme *Femmes d'Alger dans leur appartement*, en 1834, ou encore sur les toiles de peintres orientalistes à l'instar de Jean-Léon Gérôme. L'écrivain Gustave Flaubert en a rapporté d'Orient et les frères Goncourt se moquent de Théophile Gautier qui raconte avoir vécu en Orient dans une autre vie, en le décrivant : « en causeur de chambre, dans sa robe flottante en forme de gandoura, assis sur la carpette du foyer ainsi qu'un fils de l'Islam, les jambes croisées sous lui, les babouches de cuir jaune à la dérive sur le parquet ». On les voit porter par l'écrivain Pierre Loti qui arbore un costume arabe dans la mosquée édifiée dans sa maison de Rochefort, puis elles passent de mode.

Elles redeviendront, au milieu des années 2010, des chaussures tendance. Loin des tableaux du musée du Louvre et des pages de romans du XIXe siècle, elles arpenteront les podiums des défilés de mode de prestigieux couturiers.

BAGNE

UN BAIN PAS RELAXANT

Au XVIIe siècle, en Italie, le *bagno* était la prison de Livourne, près de Pise, où l'on enfermait les prisonniers turcs et les esclaves. Elle devait son nom au fait qu'elle était située à l'emplacement d'anciens bains publics romains et à ses fréquentes inondations.

Le mot arriva dans la langue française sous le terme de « bagne ». La forme moderne fut officialisée par Colbert qui créa les bagnes en 1669.

En 1762, date à laquelle le mot fait son entrée dans le Dictionnaire de l'Académie française, la définition ne donne pas envie d'y séjourner puisqu'elle décrit le bagne comme le « lieu, où l'on enferme les forçats après le travail. » La prison, elle est : « lieu où l'on enferme les criminels, les debiteurs, &c. par l'ordre de la justice [*sic*]. »

En 1835, la définition du mot « bagne » change légèrement pour devenir : « Lieu où l'on tient des forçats à la chaîne, où l'on renferme les forçats après le travail. » Et de citer les bagnes de Brest et de Toulon.

La loi du 30 mai 1854 institua, pour les condamnés aux travaux forcés, la déportation aux colonies, en Nouvelle-Calédonie et en Guyane, à Saint-Laurent-du-Maroni.

Les bagnes coloniaux furent supprimés en 1938, pour les travaux forcés. Néanmoins, si les déportations cessèrent, ceux qui étaient enfermés devaient y finir leur peine. Les derniers bagnards quitteront la Guyane le 1er août 1953.

Aujourd'hui, on ne parle plus de bagne, mais de prison ou de maison d'arrêt. Il ne reste que l'expression familière : « c'est le bagne » pour exprimer qu'une situation ou un travail est très pénible ; cependant, certainement moins que celle dans laquelle les bagnards purgeaient leur peine.

BALCON

UNE PLATEFORME ITALIENNE

Le mot « balcon » a été emprunté à l'italien *balcone* au début du XIVe siècle. Cette saillie, sur la façade d'un bâtiment, sert d'abord de décors dans la littérature. À la fin du XVIe siècle, le plus célèbre est certainement celui de l'une des scènes de *Roméo et Juliette* de William Shakespeare. Celle dite justement « du balcon », lorsque Roméo est suspendu au treillage au-dessous du balcon de Juliette.

Le balcon comme une plateforme en saillie sur la façade d'un bâtiment est ensuite utilisé en architecture. Cette « espèce de petite terrasse » entre dans le Dictionnaire de l'Académie dès la première édition, en 1694, mais il ne va se démocratiser dans la capitale qu'au XIXe siècle, avec le baron Haussmann. Lorsqu'il modernise la ville, perce de nouvelles rues et avenues, puis fait construire les fameux immeubles « haussmanniens » si caractéristiques de Paris, on va voir apparaître les fameux balcons filants. Ils seront édifiés au second étage, parce qu'il est considéré comme un étage noble, réservé aux familles bourgeoises, et au cinquième, pour une raison esthétique, afin d'équilibrer la façade.

BANANE

DU PARADIS À LA COIFFURE

La banane serait l'un des premiers fruits à avoir été cultivé par l'homme, il y a plus de 12 000 ans. Les hommes utilisaient son tronc pour confectionner des vêtements et des cordages. Celles que nous consommons aujourd'hui sont issues d'un croisement entre deux espèces sauvages, mais, à l'origine, elles n'atteignaient pas plus de huit centimètres et étaient remplies de nombreuses graines.

Le bananier s'est propagé depuis l'Asie du Sud-Est dans les régions tropicales et en Afrique, où les Portugais ont emprunté son nom au bantou de Guinée *banana*, avant de l'exporter au Brésil. Elle arrive ensuite aux Antilles, où elle sera appelée « figue ». Ce fruit jaune de forme oblongue était déjà connu en français au XIIIe siècle, mais sous le nom de « fruit du paradis », en raison de nombreuses croyances et légendes. En Inde, on la désigne toujours en ces termes, car les hindous racontent qu'Ève aurait offert une banane à Adam et les Sri-Lankais ajoutent que les feuilles de bananier leur servirent à se vêtir lorsqu'ils furent chassés du paradis terrestre.

En France, le fruit s'est répandu au XIXe siècle, grâce aux navires bananiers qui effectuaient le trajet entre les Antilles et l'Europe. Ce n'est cependant qu'à l'Exposition universelle de 1900 que les Parisiens et les visiteurs pourront voir de leurs propres yeux des régimes de bananes. Joséphine Baker a contribué à la populariser, en apparaissant sur la scène des Folies Bergères, à Paris, en 1927, vêtue d'une simple ceinture de bananes et accompagnée d'une panthère. La banane va longtemps symboliser l'exotisme avant, par allégorie à sa forme, de désigner une coiffure masculine en vogue dans les années 1950, puis un accessoire revenu à la mode dans les années 2020.

BARDA

CE N'EST PAS DU DÉSORDRE

Qui n'a pas entendu ses parents lui demander de ranger son barda, lorsque sa chambre d'adolescent ressemblait à un champ de bataille ? Ils tenaient ce mot de leurs grands-parents qui, eux-mêmes l'avaient entendu de la bouche de leurs parents. Car le mot est entré dans le vocabulaire français au XIXe siècle. Il est emprunté à l'arabe *berdâa*, « bât d'âne », et fut rapporté par les soldats lors de la conquête de l'Algérie, qui utilisaient cet équidé pour transporter leurs affaires.

Pour le Dictionnaire de l'Académie, *barda* reste de l'argot militaire et désigne précisément un « équipement complet d'un homme de troupe en tenue de campagne. » Il note aussi que c'est un mot familier synonyme de « bagage ; d'ensemble d'objets variés que l'on emporte avec soi. »

Bref, si nos parents l'employaient au sens de bazar, ils se trompaient, mais pour ce qui est des objets variés éparpillés dans nos chambres d'ado, ils n'avaient pas tort.

BAZAR

UN MARCHÉ PERSAN

Bâzâr est un mot emprunté au persan, au turc et à l'arabe. Rapporté en Europe par les Portugais, on le trouve déjà dans le vocabulaire français au XVIe siècle. Cependant, il n'apparaît que dans la quatrième édition du Dictionnaire de l'Académie, en 1762, avec cette définition : « Nom qu'on donne dans l'Orient aux Marchés publics, & aux lieux où l'on enferme les Esclaves. » En 1835, il n'est plus question d'esclaves, mais de lieux destinés au commerce et qui, « par imitation, on nomme de même, à Paris, et dans quelques autres villes, Certains lieux couverts où sont réunis des marchands tenant boutique d'étoffes, de meubles, de bijouterie, etc. [*sic*] »

Quantité de bazars ouvrent dans la capitale dès le début du XIXe siècle, parmi lesquels le Bazar français, en 1819, le Bazar parisien, en 1821, le Grand Bazar de Paris, en 1825, le Bazar de l'Industrie française, en 1827, le Bazar Bonne-Nouvelle, en 1838, où les ménagères peuvent se procurer tout ce dont elles ont besoin au quotidien, le Bazar des Ménages, en 1843 et le Bazar de l'Hôtel de Ville, en 1856. La province n'est pas en reste avec le Grand Bazar de Lyon, ouvert en 1886, et les Grands Bazars réunis, à Bordeaux, en 1894. Ces bazars modernes concurrencent les grands magasins comme Le Bon Marché, le premier, fondé en 1852 par Aristide et Marguerite Boucicaut.

En 1935, le Dictionnaire de l'Académie a gardé ses deux définitions précédentes, mais ajoute que le bazar « désigne aujourd'hui principalement de Vastes magasins où se vendent en détail des marchandises diverses, généralement à bas prix [*sic*]. » C'est seulement dans l'édition actuelle qu'il est mentionné que ce nom s'emploie familièrement pour parler d'un « lieu où tout est désordre, fouillis et confusion. » Et pourtant, le souk des bazars n'est pas nouveau.

BIFTECK

UNE RECETTE BRITANNIQUE

C'est bien connu, les Anglais surnomment les Français *Frogs* parce que nous mangeons des cuisses de grenouilles, tandis que nous leur avons donné le surnom de *Rosbifs*, car ils nous ont apporté le rôti de bœuf et, plus encore, le bifteck. Dans le troisième tome de son livre *Le Cuisinier moderne Qui aprend à donner toutes sortes de repas* [*sic*], en 1735, Vincent La Chapelle donne déjà la recette du « Beeft Steks, à l'Angloise ». Elle consiste à couper des tranches de l'épaisseur d'une lame de couteau dans de la culotte de bœuf, de les assaisonner avec du sel et du poivre, de les faire griller, puis de les servir au choix avec de l'échalote, du beurre, du jus d'orange ou de citron. En 1807, le chef cuisinier André Viard dans *Le Cuisinier impérial ou L'Art de faire la cuisine et la patisserie pour toutes les fortunes* [*sic*] donne, lui, la recette du « Bifteck de Filet de Bœuf » et signale que l'on peut le tremper dans un beurre tiède et le servir, entre autres, avec une sauce piquante ou au beurre d'anchois.

Cependant, le mot « bifteck » n'entre dans le vocabulaire commun qu'en 1815 avec la défaite de Napoléon à Waterloo. Les Anglais sont en France et apportent leurs recettes.

Il arrive dans le Dictionnaire de l'Académie dès 1835 (la précédente datait de 1798) comme un terme de cuisine qui est « une altération du mot anglais *Beefsteak* ou *stake.* » Et en exemple, le dictionnaire donne « *Bifteck aux pommes de terre. Bifteck au cresson. Bifteck à l'anglaise.* » Dans l'édition actuelle, il n'est plus fait référence aux Anglais, mais à la « tranche de bœuf destinée à être grillée ou passée à la poêle » ; les académiciens ont ajouté l'expression « *défendre son bifteck* ». Ce que Napoléon n'avait pas su faire à Waterloo…

BOOMERANG

UNE ARME PARTIE D'AUSTRALIE

Le *bowmerang* vient d'Australie. Cette arme redoutable a été fabriquée par les indigènes et fut d'abord découverte par les Britanniques qui anglicisèrent le mot et lui donnèrent l'orthographe *boomerang.*

De retour de son voyage en Australie, l'explorateur Jules Dumont d'Urville parle dans le premier tome de son livre *Voyage de la corvette L'Astrolabe exécuté par ordre du Roi pendant les années 1826-1827-1828-1829* et publié à Paris en 1830 des guerriers qui l'avaient menacé « du womerang ». Il raconte qu'il ne connaissait pas ce « singulier projectile » et il en explique l'usage, disant qu'il « revient tomber près de l'homme qui l'a jeté. »

Le mot ne rentrera que dans l'édition actuelle du Dictionnaire de l'Académie avec cette définition : « Arme de jet en usage chez les aborigènes d'Australie », mais signalera aussi que « certains modèles destinés au jeu décrivent une trajectoire qui les ramène en direction du lanceur. » Un jeu, en effet, à la mode dans les années 1950.

BOUGIE

UNE CIRE D'ALGÉRIE

Située en bordure de la Méditerranée, à l'est d'Alger, Bougie, aujourd'hui Béjaïa, était réputée depuis le Moyen Âge pour la qualité de sa cire avec laquelle on fabriquait des chandelles. La ville en expédiait partout en Europe et devint si célèbre que, dans le langage courant, on ne parla plus de chandelle de Bougie, mais tout simplement de bougie. Jusque dans son édition de 1835, le Dictionnaire de l'Académie donnait cette définition : « Chandelle de cire. » Ce n'est que dans celle de 1878 qu'il parla aussi de stéarine, bien après que Théodose Dubois, installé comme fabricant de bougies, près des Halles de Paris, dépose en 1824, avec le grand chimiste de l'époque Joseph Louis Gay-Lussac, un brevet sur « l'emploi dans l'éclairage des acides stéariques et margariques qu'on obtient dans la saponification des graisses, suifs, beurres et huiles ». Dubois s'était inspiré des travaux sur les matières grasses d'un autre chimiste, Michel-Eugène Chevreul. La Maison Dubois devient alors productrice d'acide stéarique et fabricante de bougies. L'entreprise se fait remarquer durant l'Exposition des produits de l'industrie française de 1844 pour sa fameuse bougie stéatique qui offre un meilleur éclairage. Cette invention sera racontée par Jules Verne, dans son roman *L'Île mystérieuse*, paru en 1875. La bougie a encore quelques belles années devant elle. La fée électricité en est à ses balbutiements et, dans la capitale, ce ne sera qu'en 1888, dans la perspective de l'Exposition universelle qui doit se tenir l'année suivante, que le Conseil municipal décidera de la création d'un réseau d'électricité.

BOULEVARD

DE LA FORTIFICATION AU THÉÂTRE

« Boulevard » fut emprunté au mot hollandais *bolwerc*, *werc* signifiant « madrier » et, par extension, « ouvrage en madrier ». À l'époque où il arriva dans la langue française, au XIVe siècle, les villes étaient fortifiées. On allait l'employer sous différentes formes : *bolevers*, puis *bollewerc*, au XVe siècle, puis *bollevart*, *boulevars* et enfin *boulevard*, en 1559.

Un boulevard, c'est d'abord un ouvrage de défense doté d'un rempart fabriqué en terre et en madriers. Dans la première édition du Dictionnaire de l'Académie, il apparaît en effet comme « bastion, piece de fortification [*sic*]. »

Lorsque, à la fin du XVIIe siècle, les fortifications des villes sont peu à peu supprimées, on leur substitue de larges promenades plantées d'arbres qui conservent leur nom de boulevard. C'est ainsi que, sous Louis XIV, pour remplacer les anciennes fortifications de la capitale, on aménage un ensemble de boulevards que l'on nommera bientôt « Les Grands Boulevards ». L'apparition de ces grands axes va donner au mot la définition que nous lui connaissons aujourd'hui. Au XIXe siècle, les Grands Boulevards deviennent les lieux incontournables de distraction. Ils sont représentés sur de nombreuses toiles de peintres impressionnistes, à l'instar de Camille Pissarro, décrits dans des romans d'Émile Zola, et on s'y rend au théâtre pour voir… des pièces de boulevard.

BOUQUIN

LA DÉMOCRATISATION DE LA LECTURE

Le mot « bouquin » vient du néerlandais *boeckijn*, diminutif de *boec*, « petit livre sans valeur ». Il est de la même origine que *buch* en allemand et *book* en anglais. Il apparaît d'abord en français sous *boucquain*, dès le XVe siècle, une époque révolutionnaire en matière d'imprimerie.

En 1459, à Mayence, en Allemagne, un certain Johannes Gutenberg imprime pour la première fois un livre, la *Bible*.

En France, il faut attendre encore un peu plus d'une décennie pour qu'un livre soit imprimé à la Sorbonne, en 1470. Il s'agit des *Epistolae*, un recueil de lettres latines de l'humaniste italien Barzizza, destiné à servir de modèle stylistique aux étudiants de la prestigieuse université parisienne.

Six ans plus tard, à Lyon, c'est pour la première fois un livre en français, *La Légende dorée*, de Jacques de Voragine, dominicain et archevêque de Gênes, qui est imprimé.

Jusqu'à présent, les livres pouvaient se dupliquer exclusivement grâce aux moines copistes qui travaillaient dans un atelier, le scriptorium, sous la responsabilité d'un armarius, un bibliothécaire. Cela nécessitait un long travail d'écriture manuscrite, mais aussi d'illustration, car les textes étaient souvent accompagnés d'enluminures.

« Bouquin » entre dans la première édition du Dictionnaire de l'Académie française, en 1694, au sens de vieux livre. Bouquiner fait aussi son apparition avec cette définition : « Lire souvent de vieux & meschants livres [*sic*]. ». Dans le *Dictionnaire de Trévoux* de 1771, la définition n'est pas tout à fait la même. On parle de : « Chercher de vieux livres chez les Libraires, ou s'amuser à les lire [*sic*] ».

Grâce à l'invention de l'imprimerie, les livres vont se multiplier rapidement et une nouvelle profession va voir le jour, les bouquinistes. Le mot est déjà dans le *Dictionnaire de Trévoux* en 1752 avec cette définition : « Qui se dit des vendeurs de vieux livres, de bouquins. » Il n'arrive dans celui de l'Académie française que dix ans plus tard comme : « Celui qui vend ou achete de vieux Livres, des Bouquins [*sic*]. » Dans l'édition de 1771 de celui de Trévoux, le bouquiniste est devenu, en parlant des livres : « Celui qui les vend ou qui les achète. »

Dans la capitale, les bouquinistes, héritiers des colporteurs et des estaleurs, c'est-à-dire des libraires qui n'ont pas les moyens de s'offrir une boutique et vendent les livres à même le sol, se sont installés autour du Pont-Neuf dont la construction a commencé à la fin du XVIe siècle et s'est terminée au début du XVIIe siècle. Ils y ont toute leur place, car, à la différence des autres ponts de l'époque, celui-ci est dénué d'habitations et de boutiques, mais pourvu de trottoirs qui protègent les piétons de la chaussée crasseuse. Cependant, les libraires qui tiennent boutique voient en ces bouquinistes une concurrence déloyale. Ils obtiennent, en 1649, qu'un règlement interdise l'étalage des livres sur le Pont-Neuf. Cette directive arrange aussi bien la royauté que l'Église, car, en plus des vieux livres, des marchands vendaient des pamphlets politiques et religieux qui faisaient scandale.

Les bouquinistes s'installent plus loin, le long de la Seine, mais leur statut ne commence à s'officialiser que sous le Premier Empire, quand l'Administration va les assimiler aux commerçants publics de la Ville de Paris. Cependant, il faut attendre le 10 octobre 1859, sous Napoléon III, pour qu'un premier règlement spécifique aux bouquinistes soit édicté. Ils peuvent vendre sur les quais, mais ils doivent remballer leur marchandise chaque soir, car il leur est interdit de la laisser sur place durant la nuit. Tandis que Paris se modernise, le baron Haussmann veut leur faire quitter les rives de la Seine. Il souhaite qu'ils partent s'installer sous les halles d'un marché aux volailles. Les bouquinistes font alors intervenir le bibliophile Paul Lacroix auprès de l'empereur, en 1866. Napoléon III leur concède le droit de rester en bordure de Seine, mais ce ne sera qu'en 1891, sous le président Sadi Carnot, que les boîtes actuelles seront officialisées. Un arrêté municipal autorise désormais les bouquinistes à laisser leur marchandise la nuit. Au tournant du siècle, on décide qu'elles devront être peintes en vert wagon, à l'instar des fontaines Wallace, des colonnes Morris et des premiers métropolitains, et que le couvercle relevé ne devra pas dépasser 2,10 m au-dessus du sol, afin de ne pas boucher la vue sur le fleuve et les monuments.

Chaque bouquiniste peut alors exploiter 10 m de quai, soit l'équivalent de cinq boîtes vertes, jusqu'au décret du préfet de la Seine du 27 janvier 1943 qui va réduire l'exploitation à 8 m, une boîte en moins. Ce qui est toujours en vigueur aujourd'hui.

Si les bouquinistes ne payent ni loyer ni taxe, en revanche, ils sont soumis à un règlement très sévère. Le seul commerce autorisé est celui des vieux livres, des livres d'occasion, des vieux papiers, dont des revues et des gravures. Ils ont la possibilité, mais cela ne doit occuper qu'une seule boîte, de vendre aussi des cartes postales, des monnaies, des médailles, de vieux timbres, des objets de petite brocante et des souvenirs de la capitale. C'est bien sûr à eux d'entretenir leurs boîtes et ils doivent être présents sur leur emplacement au moins quatre jours par semaine, hormis en cas d'intempéries. Les autorisations d'occupation sont d'une durée de cinq ans renouvelables et les emplacements vacants sont attribués et réglementés par la Ville de Paris.

Installés sur trois kilomètres, sur les deux rives de la Seine enserrant les îles de la Cité et Saint-Louis, ils font partie du paysage de la Ville lumière. Quant à leurs bouquins, parfois très rares, ils ne se retrouvent plus vraiment dans leur définition originale.

BOURSE

UNE FAMILLE FLAMANDE

La situation géographique de Bruges, en Belgique, en fait dès le Moyen Âge un carrefour commercial. Les marchands en provenance d'Italie, d'Espagne et d'autres de pays plus lointains qui participent aux grandes foires d'Europe occidentale y passent pour se rendre dans la Baltique ou emprunter des routes qui les conduiront en Orient. Ils ont l'habitude de faire étape dans une auberge tenue par une très riche famille, les Van Der Burse, et de discuter sur la place où elle se situe. Les commerçants s'informent des prix du marché et nouent des contrats. En 1495, un médecin allemand qui effectua un long voyage en Europe raconte qu'« il y a une place à Bruges où les marchands se rassemblent ; on l'appelle la Bourse » et il explique que toutes les nations s'y rendent.

À la fin du siècle, Bruges est détrônée par Anvers, mais le mot *burse*, lui, reste. Il entre dans la première édition du Dictionnaire de l'Académie française avec de nombreuses définitions, dont celle d'être un petit sac pour mettre l'argent, mais aussi de désigner un lieu où, dans « plusieurs villes », les marchands et les banquiers se rassemblent pour faire des affaires.

À Paris, une « Place commune des marchands » est créée en 1563 avant d'être remplacée par la première bourse de commerce en 1639. Ce ne sera néanmoins qu'au XIXe siècle que l'on décidera de construire le Palais Brongniart, la Bourse de Paris, où tous les titres financiers et marchandises seront cotés. Si en France le mot bourse est du genre féminin, le métier d'agent de change, lui, restera longtemps exclusivement masculin. La première femme admise dans cette profession sera Sylvie Girardet, en… 1985.

BOXE

UN COUP DUR

Les combats à mains nues existaient déjà bien avant notre ère. Les Grecs pratiquaient le pugilat et le pancrace, des disciplines olympiques réputées dans l'Antiquité. Ce sont cependant les Anglais qui, au XVIIIe siècle, inventèrent la boxe, un mot dérivé du verbe *to box*, signifiant « donner des coups ».

En 1741, Jack Broughton, champion d'Angleterre, combat contre George Stevenson, un boxeur reconnu. Jeu de main, jeu de vilain : un mauvais coup part et Broughton tue accidentellement son adversaire. Dépité, deux ans plus tard, il décide de publier les premières règles de ce sport dans lequel, désormais, tous les coups ne seront plus permis. Un peu plus d'un siècle plus tard, en 1865, le journaliste John Graham Chambers codifiera la boxe anglaise, et les règles seront connues sous le nom de celle du Marquis de Queensberry, car l'aristocrate britannique contribua à les faire connaître dans tout le Royaume-Uni.

Au mot « boxe », en 1878, le Dictionnaire de l'Académie française donnera cette définition : « sorte de pugilat ».

BRETELLE

UNE HISTOIRE D'HOMMES

« Bretelle » vient du mot germanique *brittil* et qualifiait au XIIIe siècle des bandes de cuir ou de tissu utilisées pour tenir une hotte.

Dans le Dictionnaire de l'Académie française de 1694, les immortels donnent encore cette définition : « Sangle, corde ou corroye qui sert à porter une hotte [*sic*]. » Et elles ont déjà fait naître une expression signalée par le même dictionnaire : « qu'Un homme en a par-dessus les bretelles, jusqu'aux bretelles, pour dire, qu'Il est fort engagé dans une meschante affaire [*sic*]. »

Si son sens premier restera avec le piano à bretelle, l'accordéon, le mot change rapidement de sens. En 1718, il désigne une « sorte de tissu de chanvre ou de fil, dont on se sert à divers usages ». Elles servent, en effet, toujours à porter une hotte, mais aussi à soutenir le haut-de-chausses, un vêtement masculin qui couvre le corps de la ceinture aux genoux. Pendant la Révolution française, elles sont portées par les « Sans-culottes », les hommes du peuple, sous forme de ruban fixé au pantalon. Aussi au début du XIXe siècle, le Dictionnaire de l'Académie ajoute à sa définition précédente : « Il se dit particulièrement d'Une double bande, qui porte sur l'une et l'autre épaule, et qui soutient le pantalon, la culotte [*sic*]. » Quant à l'expression *par-dessus les bretelles*, elle se dit désormais aussi d'un homme ivre.

C'est de l'autre côté de la Manche que les bretelles prennent une allure chic, lorsqu'un certain Albert Thurston ouvre une boutique spécialisée, à Londres, en 1820.

En France, elles restent un accessoire vestimentaire masculin pendant de longues années. George Sand et plus tard Colette, qui bravent l'interdiction du port du pantalon, seront les rares femmes à s'afficher avec des bretelles. En 1935, le Dictionnaire de l'Académie conserve sa première définition et affine sa seconde : « Il se dit particulièrement d'une Double bande qui porte sur l'une et l'autre épaule et qui soutient le pantalon, la culotte [*sic*]. » Mais il n'est plus question d'en avoir par-dessus les bretelles. En revanche, après la Seconde Guerre mondiale, les hommes semblent en avoir par-dessus la tête et leur préfèrent la ceinture. Les bretelles reviendront à la mode dans les années 1980 et hommes comme femmes en porteront. Elles disparaîtront de nouveau à l'aube du deuxième millénaire, mais gageons qu'elles seront bientôt tendance, parce que la mode est un éternel recommencement.

BUG

UN INSECTE DANS LES ROUAGES

« Bug » est un mot anglophone qui signifie « insecte, bestiole », ou au sens figuré, « microbe, virus ». Il est utilisé, principalement dans le langage informatique depuis la seconde moitié du xxe siècle, pour qualifier une anomalie ou un dysfonctionnement. *Bugger*, verbe formé à partir du nom, n'est entré dans le Petit Robert qu'en 2013 et dans le Petit Larousse en 2015.

C'est treize ans plus tard, le 4 juin 1996, que va se produire ce que certains considéreront comme le bug le plus coûteux de l'histoire. La fusée du vol 501, le vol inaugural du lanceur européen Ariane 5, se brise et explose 36,7 secondes après son décollage en raison d'un dysfonctionnement informatique.

En revanche, il n'y aura point de *bug* ni de *bugger* dans le Dictionnaire de l'Académie qui lui préfère, par allégorie à ses piquants, la *bogue*, l'enveloppe de la châtaigne, pour parler d'un incident dans un système informatique.

BULLDOZER

UN INTIMIDANT

Le mot anglo-américain « bulldozer » est formé à partir de *bull*, « taureau », *bully*, « intimidateur » et *dozer*, « bouteur ». Il a d'abord qualifié les membres d'une organisation de Blancs qui, dans la seconde moitié du XIXe siècle, au sud des États-Unis, cherchaient à s'imposer en apeurant et brutalisant les Noirs.

En 1930, on donna le nom de bulldozer aux engins à chenilles utilisés pour les travaux de démolition, de déblaiement et de terrassement. Ce n'est que quatorze années plus tard, en 1944, que le mot débarqua en France avec les GI qui avaient importé ces machines de chantier. Elles se révélèrent très utiles pour retirer les décombres et permettre de reconstruire de nombreuses villes bombardées durant la Seconde Guerre mondiale. On peut notamment en voir sur des photographies d'époque des villes de Brest et du Havre où, plus que les machines, ce sont les ruines qui étaient impressionnantes.

BUNGALOW

ARCHITECTURE DU SOUS-CONTINENT

Les Anglais commencent à s'implanter dans le sous-continent indien à partir du XVIIe siècle, lorsqu'ils créent à Londres la société commerciale East India Company. C'est à cette époque qu'ils découvrent les maisons souvent en bois, sans étage et entourées d'une véranda, typiques du Bangladesh. Le mot hindi *bangla*, qui a rapport au Bengale, prend un accent britannique pour se transformer en « bungalow ».

Cette habitation exotique va connaître un grand succès aux États-Unis et au Canada, où elle deviendra synonyme de villégiature.

En Grande-Bretagne, pour le week-end et les vacances, on lui préférera le cottage, une petite maison de campagne élégante et confortable.

BUT

LE CŒUR DE CIBLE

Le mot « but » vient de *buir*, petit morceau de bois, souche d'arbre, que l'on utilisait comme cible pour le tir à l'arc. Il est arrivé de Scandinavie au XIIIe siècle en passant par l'Allemagne, mais ne se répandit dans la langue française que trois siècles plus tard avec le sens que nous lui connaissons aujourd'hui.

Des locutions apparaissent au XVIIe siècle et le Dictionnaire de l'Académie cite en exemple, en 1694 : « De but en blanc, pour dire, Directement, ouvertement, à descouvert [*sic*]. » Le blanc désignant l'endroit duquel on vise, la butte de tir, ou encore la cible.

Dans son Dictionnaire Universel édité en 1690, Antoine Furetière donnait déjà les deux sens. Il expliquait que le but est « un point marqué dans une allée » et aussi un « dessein qu'on a », notant que : « Le but d'un Chretien est de parvenir au Ciel [*sic*] ».

Si les définitions ont varié au fil des années, ce ne sera pas le cas de celles du mot « but » qui restera une chose à atteindre et sera couramment employé dans le vocabulaire sportif, comme le football ou la pétanque.

C

CAFARD

UN MÉCRÉANT

Le mot « cafard » vient de l'arabe *kāfir*, « qui n'a pas la foi ». Il a été utilisé en français dès le XVIe siècle avec plusieurs sens. On qualifiait de cafard un faux dévot, un traître ou, comme l'écrit le Dictionnaire de l'Académie de 1694, un « hypocrite, bigot ». Un cafard, durant les guerres de Religion, c'était également une personne qui n'avait pas la même religion que les autres.

Au XIXe siècle, « cafard » est employé pour traiter, dans le langage familier, quelqu'un de mouchard, tandis que les écoliers qualifient de ce mot un camarade rapporteur, qui cafarde au maître ou à la maîtresse. À cette époque, on commence à employer l'expression « avoir le cafard », pour exprimer sa mélancolie. C'est avec ce sens métaphorique que Baudelaire l'utilisera, en 1857, dans son recueil *Les Fleurs du mal*, en même temps que le mot *spleen*. Le cafard faisant non seulement référence à la blatte, cet insecte de couleur noire qui fuit la lumière, mais renvoie aussi à la croyance que ceux qui n'ont pas de religion errent dans les ténèbres.

CAFÉ

UN EXCITANT MODERNE

« Café » vient du turc *qahve*, lui-même emprunté à l'arabe *qâhwâ*. Il apparaît dans le vocabulaire français au début XVIIe siècle en désignant tout d'abord une boisson et même un « breuvage » dans la première édition du Dictionnaire de l'Académie française, en 1694. Dans l'édition suivante, en 1718, le Dictionnaire parle aussi de « petite feve [*sic*] ». Celle-ci est arrivée en France par le port de Marseille en 1644, à bord d'un navire provenant d'Alexandrie, en Égypte.

Les savants d'Aix-en-Provence émettent d'emblée de la méfiance pour cette boisson, tandis que les Marseillais en raffolent.

Soliman Aga, l'ambassadeur du sultan Mehmed IV, envoyé pour restaurer les relations diplomatiques entre la France et la Turquie, en fait goûter à Louis XIV lorsqu'il est reçu à Versailles en 1670.

Un an plus tard, encore à Marseille, un certain Pascal Haroukian, un commerçant arménien qui se fait connaître sous le nom de Pascali, ouvre le premier établissement public de débit de café, entre le Vieux-Port et Belsunce : un succès. En revanche, le roi se lasse rapidement du café et, comme la cour ne veut pas lui déplaire, la boisson passe de mode. Colbert, lui, a compris l'intérêt que la France pourrait tirer du café si elle en faisait cultiver dans ses colonies.

Des rumeurs circulent partout en Europe sur ce breuvage noir, si noir qu'il fait penser au diable.

En Italie, on se demande si cette boisson n'aurait pas des effets maléfiques, mais le pape Clément VIII, grand amateur de café, met fin aux discussions en déclarant : « L'arôme du café est chose trop agréable pour être l'œuvre du Malin ! » En Grande-Bretagne, des femmes demandent au roi Charles II d'interdire les « maisons de café » qui, selon elles, sont des lieux de débauche.

Entre-temps, Pascali est allé à Paris et a ouvert un établissement à Saint-Germain-des-Prés.

À Marseille, la réputation du café s'est gâtée lorsque, sous la pression des marchands de vin, la faculté de médecine a déclaré cette boisson nocive.

En 1713, à l'occasion de la signature du traité d'Utrecht, le bourgmestre d'Amsterdam offre quelques caféiers à Louis XIV. Il les confie au Jardin royal des plantes médicinales. Ils sont mis en terre et prospèrent au point d'atteindre 1,60 m et d'avoir un tronc de 2,7 cm de diamètre quand ils sont présentés officiellement le 29 juillet 1714.

Au XVIIIe siècle, le prix du café baisse et revient à la mode avec Louis XV qui en est un grand amateur. Il tient à le préparer lui-même en faisant torréfier les grains dans une poêle, en effectuant la mouture, puis en la faisant infuser dix fois de suite dans de l'eau frémissante.

Voltaire était aussi un grand buveur de café. On raconte qu'il en consommait jusqu'à cinquante tasses par jour.

Le café va se désigner sous différents mots, comme le familier *caoua*, dérivé également de l'arabe *qâhwâ* ou *moka* du nom d'*Al-Mukha*, port du Yémen sur la mer Rouge d'où l'on exportait le café d'Arabie.

Au siècle suivant, le café, à l'instar des lieux où on le sert, devient une boisson courante. Napoléon affirme qu'il lui donne de la force.

C'est d'ailleurs ce que constate le romancier, mais aussi scientifique Goethe quand il demande à son ami, le chimiste Ferdinand Runge, d'analyser les grains de café qu'il lui a apportés. Quelques mois plus tard, Runge identifiera la caféine et l'on saura désormais pourquoi le café maintient éveillé. C'est à cette fin qu'Honoré de Balzac en consommera de grandes quantités, une cinquantaine de tasses par jour, raconte-t-on. Il le prépare dans une cafetière dite « à la de Belloy », la première cafetière à percolation, en porcelaine, que lui a offerte l'écrivaine Zulma Carraud, sa confidente.

Londres compte de nombreux cafés, mais c'est surtout Vienne, en Autriche, qui est devenue la ville des cafés. On vient s'y détendre, lire la presse, jouer au billard ou y trouver l'inspiration, à l'instar de Sigmund Freud ou de l'écrivain Arthur Schnitzler.

Au tournant du XXe siècle, en France, le café au lait est la boisson du petit déjeuner, mais personne ne se doute encore que, en 1969, des astronautes boiront du café en tube dans l'espace.

CAÏD

LE CHEF

Autrefois, le nom « caïd » était un titre honorable. Le mot est emprunté à l'arabe *qa'id*, « chef, commandant », et vient de *qada*, « conduire, gouverner », dans les pays d'Afrique du Nord. Il figure déjà à plusieurs reprises dans le traité d'Alger de 1694, conclu entre le dey d'Alger et la Compagnie du Bastion de France, mais n'entre dans le Dictionnaire de l'Académie qu'en 1878 avec cette définition : « Il se dit chez les Arabes d'Un gouverneur de province ou de ville, d'un chef militaire [*sic*]. » Ce n'est qu'au cours du XXe siècle que « caïd » va prendre une connotation péjorative. L'actuelle édition du Dictionnaire notera, en plus de son sens premier, l'emploi argotique : « Chef de bande. Un caïd de la drogue, de la prostitution. Se prendre pour un caïd, jouer les caïds. » Un chef, toujours, mais de la loi du plus fort.

CALÈCHE

UNE VOITURE D'EUROPE DE L'EST

Le mot « calèche » vient du tchèque *kolesa* et du polonais *kolaska*, sorte de voiture dont le nom est dérivé de celui de ses roues. Il passa par l'allemand *Kalesche* avant d'arriver en France au XVIIe siècle sous la forme de *galèche*. C'est avec cette orthographe que le mot apparaît dans une lettre patente datée du 8 janvier 1661 et que, la même année, Molière l'emploie dans sa pièce *Les Fâcheux*. Il écrit, Acte I, dans une tirade d'Éraste : « Marquis, allons au Cours faire voir ma galèche ». Toujours en 1661, en racontant les fêtes estivales données à Fontainebleau en l'honneur d'Henriette d'Angleterre, Madame de La Fayette explique l'usage festif des calèches en employant le mot que nous connaissons aujourd'hui : « après souper, on montait dans des calèches, et au bruit des violons on s'allait promener une partie de la nuit autour du canal [*sic*] ».

Au siècle de Louis XIV, cette voiture légère, à quatre roues, découverte ou équipée d'une capote à soufflet, connaît un succès grandissant. On l'utilise essentiellement les beaux jours pour aller se promener ou à la chasse. Lorsqu'en 1683, le roi se casse le bras en courant le cerf, il suit la chasse dans une calèche et Saint-Simon, admiratif, écrira : « Il aimait fort aussi à courre le cerf, mais en calèche depuis qu'il s'était cassé le bras en courant à Fontainebleau, aussitôt après la mort de la

Reine. Il était seul dans une manière de soufflet tiré par quatre petits chevaux, à cinq ou six relais, et il menait lui-même à toute bride avec une adresse et une justesse que n'avaient pas les meilleurs cochers, et toujours la même grâce à tout ce qu'il faisait. »

Dans le *Dictionnaire universel* d'Antoine Furetière édité en 1690, le mot est écrit « calèche » et a cette définition : « Petit carrosse coupé qui a d'ordinaire plusieurs ornements. Il sert aux jeunes hommes qui veulent marcher en parade. » Furetière cite Molière et *Les Fâcheux*, mais en remplaçant *galèche* par *calèche*.

S'il ne sera plus jamais question de *galèche*, en revanche, la calèche, elle, continuera à assurer le service des rois et à servir de moyen de transport jusqu'à l'arrivée de l'automobile.

CAMARADE

UN POTE DE CHAMBRÉE

Ce sont les Espagnols qui inventèrent le mot *camarada* pour désigner une chambrée, puis un compagnon d'armes. Ce terme militaire s'est répandu dans la langue française sous un genre masculin, dès le XVIe siècle, mais avec un usage bien précis. Le Dictionnaire de l'Académie l'admet dès sa première édition en 1694 en donnant cette définition : « Compagnon de mesme âge, mesme employ, mesme façon de vivre, &c. Ce mot ne se dit guere qu'entre soldats, enfans, escoliers, valets ou gens de basse condition [*sic*]. » Si le sens restera le même, la seconde définition que les académiciens donnaient au mot camarade : « On s'en sert aussi quelquefois comme d'un terme qui marque la bienveillance d'un superieur envers un inferieur. Camarades suivez-moy camarade enseignez-moy le chemin de, &c [*sic*]. », elle, changera. Elle deviendra : « Compagnon de profession, celui qui vit avec un autre et fait le même métier » en synonyme de collègue, puis : « Celui, celle qui, en partageant les occupations, la vie d'une ou de plusieurs personnes, contracte avec elles une sorte d'amitié et une communauté d'intérêts. » C'est ce sens du mot qui sera employé dans les pays communistes pour se désigner entre concitoyens.

CANNIBALE

C'EST COURAGEUX

Le mot « cannibale » vient de *canibal* en espagnol et fut emprunté à l'arawak *caniba* qui, chez les Indiens Caraïbes, désignait une personne brave, forte et courageuse. « Cannibale » arrive en Europe avec les explorateurs du Nouveau Monde, mais sa définition a changé. Il est maintenant question d'anthropophagie en raison des récits de voyages plus ou moins fantasques pour certains.

Au XVIe siècle, Rabelais se délecte de ce terme et l'emploie pour raconter que Panurge, le compagnon de Pantagruel, a été capturé par des Turcs cannibales qui le mettent « en broche tout lardé comme un connil », ou lapin.

Montaigne, dans ses *Essais*, Livre I, leur consacre un chapitre, *Des cannibales*. Avant de l'écrire, il a lu la *Cosmographie universelle*, parue en 1575, les récits d'André Thevet, *les Singularités de la France antarctique*, publiés en 1557, mais aussi *Histoire d'un voyage fait en la terre de Brésil* de Jean de Léry, édité en 1578. Il a également eu à son service l'un des membres de l'expédition coloniale française en terre de Brésil entre 1555 et 1557. Le philosophe met à profit ses lectures et ce qu'on lui a raconté. Il se garde d'apporter un regard trop occidental qui pourrait entraîner, selon lui, une certaine confusion. Il écrira : « Chacun appelle barbarie, ce qui n'est pas de son usage ». Les réflexions du moraliste ne convainquent pas les Immortels. Le mot « cannibale » ne rentre dans le Dictionnaire de l'Académie qu'en 1762 avec cette définition : « Noms de certains Peuples d'Amérique, qui mangent de la chair humaine. » Elle restera identique dans l'édition suivante, puis en 1835, elle deviendra : « Nom donné aux anthropophages d'Amérique. ». En 1878, il ne sera plus question que de « Nom donné aux anthropophages. », puis dans celle de 1935 d'« anthropophage ». Ce n'est que dans l'édition actuelle que l'on reparlera de « tribu cannibale, qui consomme de la chair humaine ». On expliquera que, par extension, il peut s'agir d'animaux « qui dévorent des membres de leur propre espèce. » Et on citera notamment l'araignée. Le Dictionnaire précisera que, par exagération, ce mot qualifie une « personne cruelle, dévoreuse, sanguinaire. » Une définition qui aurait peut-être laissé Montaigne perplexe.

CAOUTCHOUC

UNE MATIÈRE PLEURANTE

Caoutchouc vient du quechua, langue parlée par les Indiens du Pérou, *cahutchu*, « bois qui pleure ». Son nom fait référence à la façon de le récolter, en incisant le tronc de l'hévéa. Le mot est passé par l'espagnol *cauchuc* avant d'être rapporté en France au XVIIIe siècle par le naturaliste Charles Marie de La Condamine. De retour de sa mission astronomique en Amérique du Sud, il avait également dans ses bagages des hévéas. Cette substance exotique resta confidentielle pendant des années. De nombreux physiciens et chimistes s'y intéressèrent.

En 1770, le chimiste britannique Joseph Priestley découvrit que le caoutchouc vierge pouvait effacer des traces de crayon par frottement. Vingt ans plus tard, l'industriel Samuel Peal, britannique lui aussi, déposa un brevet d'une méthode d'imperméabilisation des tissus en mélangeant du caoutchouc avec de la térébenthine. Outre-Manche encore, Michael Faraday inventa le ballon gonflable, en 1824, tandis qu'outre-Atlantique, Charles Goodyear trouva par hasard le procédé de vulcanisation.

Le mot « caoutchouc » n'entre dans le Dictionnaire de l'Académie française qu'en 1835, comme « gomme élastique », au moment où il connaît un essor dans l'industrie. Dans son édition suivante, en 1878, le Dictionnaire explique : « Le caoutchouc se trouve dans le commerce sous forme de petites bouteilles ou de poires. Le caoutchouc se dissout dans l'éther », et qu'il est imperméable. Il connaîtra son heure de gloire avec le développement de l'industrie automobile, mais aussi avec la mode et notamment les chaussures en caoutchouc.

CHÂLE

UNE ÉTOFFE ORIENTALE

« Châle » vient de l'arabe *schâl*, un vêtement de laine dont les hommes et les femmes se couvraient la tête, les épaules et les reins. Le mot *shal* est aussi employé en hindi où il désigne une étoffe tissée au Cachemire avec de la laine du Tibet. Durant l'occupation de l'Inde par les Britanniques, il passe par l'anglais *shawl* pour arriver dans les dictionnaires français sous la forme de « châle ». Le Dictionnaire d'Émile Littré, au XIXe siècle, le décrit comme une : « longue pièce d'étoffe que les

Orientaux emploient diversement dans leurs vêtements, et spécialement en turban. » Ou encore comme une « grande pièce d'étoffe carrée ou en carré long double, qui se plie en biais, une pointe sur l'autre, ordinairement dans le genre des châles d'Orient, que les femmes portent sur les épaules » et donne l'exemple de « châles de cachemire. » Le dictionnaire nous apprend aussi que : « C'est le persan chāl, sorte de drap grossier en poil de chèvre ou de brebis que les derviches jettent sur leurs épaules en guise de manteau ; le mot s'est ensuite spécialement appliqué au tissu de cachemire. »

En Grande-Bretagne, puis en France, sous le Directoire, le Consulat et l'Empire, les châles, souvent fabriqués dans des matières coûteuses, à l'instar du cachemire, sont portés par les femmes de la haute société. Napoléon en rapporte même à Joséphine de la campagne d'Égypte. L'impératrice commencera par leur témoigner peu d'intérêt, mais, comme l'écrira Victor Hugo en 1832 dans *Le Roi s'amuse* : « Souvent femme varie », et elle finira par en faire collection.

CHEWING-GUM

LE GOÛT DE L'AMÉRIQUE

Les Mayas mastiquaient de la sève séchée de sapotier, un arbre tropical, bien avant notre ère et l'invention du chewing-gum.

C'est cette *chicle*, comme on l'appelait en Amérique du Sud, que, en 1866, le général Antonio López de Santa Anna, ancien président du Mexique, vendit au scientifique américain Thomas Adams. Il pensait utiliser cette gomme pour fabriquer des pneus de bicyclette, mais comme cela ne fonctionnait pas, il y ajouta du sucre et la transforma en gomme à mâcher.

Le nom de cette confiserie était implicite : il fut formé à partir du verbe anglais *to chew*, « mâcher » et *gum*, « gomme ».

En 1871, Adams inventa une machine qui permit de fabriquer du chewing-gum de façon industrielle, mais c'est William Semple, un dentiste de l'Ohio, qui déposa le premier brevet de cette gomme à mâcher, le 28 décembre 1869. Il installa ensuite des distributeurs automatiques dans les lieux publics et fit de la publicité.

Les Français commencèrent à découvrir le chewing-gum avec les Américains venus dans l'Hexagone durant la Première Guerre mondiale. Mais il se popularisa surtout en 1944, avec les GI qui avaient dans leurs rations alimentaires (les rations K) deux étuis de chewing-gums de la marque *Wrigley's*, qu'ils distribuaient aux petits Français pour leur faire plaisir.

En France, la marque Hollywood sera d'ailleurs lancée en 1952 par un ancien GI qui avait participé au débarquement de Normandie, un certain Courtland E. Parfet.

CHIC

DE L'ARGOT D'ATELIER

« Chic » vient de l'allemand *schick* qui signifie « façon, manière », « bon ordre, habilité ». Il a été apporté dans la langue française par les Alsaciens à la fin du XVIIIe siècle avec un sens différent de celui que nous lui connaissons aujourd'hui. Il est d'abord employé dans le milieu artistique, où « faire de chic » signifie « peindre sans modèle », donc manier adroitement le crayon ou le pinceau. Charles Baudelaire, dans *Curiosités esthétiques*, à propos du Salon de 1845, parle de ce terme en expliquant : « Le chic, mot affreux et bizarre et de moderne fabrique, dont j'ignore même l'orthographe, mais que je suis obligé d'employer, parce qu'il est consacré par les artistes pour exprimer une monstruosité moderne, signifie : absence de modèle et de nature. Le chic est l'abus de la mémoire ; encore le chic est-il plutôt une mémoire de la main qu'une mémoire du cerveau ; car il est des artistes doués d'une mémoire profonde des caractères et des formes, – Delacroix ou Daumier –, et qui n'ont rien à démêler avec le chic. Le *chic* peut se comparer au travail de ces maîtres d'écriture, doués d'une belle main et d'une bonne plume taillée pour l'anglaise ou la coulée, et qui savent tracer hardiment, les yeux fermés, en manière de paraphe, une tête de Christ ou le chapeau de l'empereur. »

L'emploi de ce mot dans le domaine de la peinture est d'ailleurs l'une des définitions que lui donne le Dictionnaire de l'Académie française, en 1935, lorsqu'il y fait son entrée.

Les académiciens soulignent que c'est un mot familier que l'on peut utiliser de plusieurs façons. Et de citer la locution « avoir du chic » pour avoir de l'élégance, parce qu'entre-temps le mot est passé dans les ateliers de couture, ou encore « être chic », sympathique. « Avoir le chic pour quelque chose », sous-entendu, être habile dans un domaine, n'arrive qu'au tournant du XXe siècle, mais reste signalé comme familier, à l'instar de l'interjection « chic ! » employée pour exprimer une ovation qui, néanmoins, n'a rien de très chic puisque par définition elle est familière.

CHIFFRE

UN ZÉRO PAS POINTÉ

Le mot « chiffre » vient à l'origine du sanskrit *shunya*, qui signifie le « vide ». Il est ensuite passé par l'arabe *sifr* qui peut également se traduire par « zéro, vide », puis par l'italien, *cifra*, où il a pris le sens de « signe numérique » représentant des nombres, avec notamment les recherches de Leonardo Fibonacci, au XIIIe siècle. Grand voyageur, le mathématicien avait étudié les travaux d'al-Khuwārizmī, un mathématicien et astronome persan, et rencontré des scientifiques avant d'en conclure que les méthodes de calcul des Arabes étaient les plus avancées.

Lorsqu'il revint à Pise, il publia en latin, en 1202, *Liber abaci*, un ouvrage dans lequel il exposait notamment le système de numération indo-arabe. Il fut alors le premier grand mathématicien à l'adopter et à le vulgariser auprès du monde scientifique.

Le chiffre arriva en France vers la fin du XVe siècle avec une définition encore imprécise. En 1694, le Dictionnaire de l'Académie en donne plusieurs définitions : « Caractere dont on se sert pour marquer les nombres [*sic*]. » Il indique également que le chiffre « se dit aussi de l'arrangement de deux ou de plusieurs lettres capitales entrelassées l'une dans l'autre ; & les premieres lettres de chaque nom sont d'ordinaire celles que l'on prend pour cet effet [*sic*]. » Toujours selon les académiciens, « il signifie aussi, Une maniere secrete d'escrire par le moyen de certains mots ou caracteres dont on est convenu avec ceux à qui on escrit [*sic*]. » Il faut attendre l'édition suivante, en 1718, pour que le Dictionnaire distingue les « Chiffres Arabes » des « Chiffres Romains ». Quant à la définition du mot, elle sera légèrement modifiée dans l'édition de 1935 où le chiffre n'est plus un caractère servant à « marquer les nombres », mais à « représenter les nombres ». Une précision qui vaut évidemment plus, bien plus que zéro.

CHOCOLAT

UN BREUVAGE DU NOUVEAU MONDE

Les Mayas cultivaient déjà le *cacahuatl*, terme qui plus tard allait donner le mot « cacao », bien avant notre ère, en Amérique centrale et au Mexique. Ils utilisaient les fèves comme monnaie d'échange et les consommaient également, une fois grillées, puis broyées avec de l'eau et des épices. Ce breuvage, qu'ils battaient pour le rendre bien mousseux, était particulièrement réservé aux cérémonies religieuses et aux guerriers, car on lui prêtait des pouvoirs divins et fortifiants.

Lorsque, en 1519, Hernán Cortés arriva au Mexique, l'empereur aztèque Moctezuma le prit pour Quetzalcóalt, le dieu-roi, symbolisé par le serpent à plumes, à qui, selon leur croyance, on devait la présence des cacaoyers sur terre. Ils attendaient son retour et le conquistador espagnol, envoyé par Charles Quint, profita de cette confusion pour se laisser célébrer. La suite fut, hélas, beaucoup moins festive, mais Cortés avait désormais goûté au *chocolatl*. Il rapporta ce mot « nahuatl » du Mexique et certainement des fèves de cacao.

En France, cette denrée rare et chère est d'abord consommée à la cour, notamment après le mariage de Louis XIII avec Anne d'Autriche, l'infante d'Espagne, en 1615.

Le mot « chocolat » a déjà sa place dans la première édition du Dictionnaire de l'Académie française, en 1694.

Les académiciens le décrivent comme une « composition faite de cacao, de sucre, de vanille, de canelle & de divers aromates qu'on fait ensuite dissoudre dans de l'eau boüillante, pour en faire une boisson qui est passée des Indes Occidentales en Europe [*sic*]. » Il parle aussi de « Paste de Chocolate, baston de Chocolate [*sic*]. » Car, c'est en faisant fondre la pâte que l'on obtient la boisson « agréable », dit l'édition suivante. Elle est aussi plus précise sur son origine, puisqu'elle explique que « le chocolat est une boisson que les Espagnols ont apportée du Mexique en Europe. »

Si on l'apprécie autant pour son goût que pour sa saveur exotique, on l'accuse également de tous les maux.

Dans une lettre à sa fille, Madame de Grignan, du 11 février 1671, Madame de Sévigné lui recommande de boire du chocolat pour se remettre de son insomnie. Mais deux mois plus tard, le 5 avril, elle écrit : « il est la source des vapeurs et des palpitations ; il vous flatte pour un temps, puis vous allume tout d'un coup une fièvre continue, qui vous conduit à la mort. » Le 25 octobre, elle le suspecte de nouveau et raconte à sa fille : « J'ai aimé le chocolat, comme vous le savez ; il me semble qu'il m'a brûlée, et depuis, j'en ai bien entendu dire du mal ; mais vous dépeignez et vous dites si bien les merveilles qu'il fait en vous, que je ne sais plus qu'en penser. » Le 28 octobre, elle a changé d'avis : « J'ai voulu me raccommoder avec le chocolat. Je le trouve plaisant. » Elle donne l'impression d'être dubitative, mais poursuit : « La marquise de Coëtlogon prit tant de chocolat, étant grosse l'année passée, qu'elle accoucha d'un petit garçon noir comme le diable, qui mourut ». La marquise variera encore plusieurs fois d'opinion sur ce breuvage du Nouveau Monde.

Le chocolat fera son chemin et la balance finira par pencher vers ses nombreuses vertus.

En 1875, loin, très loin du Mexique et deux siècles après les hésitations de la marquise de Sévigné, à Vevey, en Suisse, Daniel Peter inventera le chocolat au lait.

CHIPS

DES COPEAUX QUI CROUSTILLENT

Août 1853, George Crum, cuisinier afro-américain au restaurant *Lake House* de Saratoga Springs, dans l'État de New York, est énervé. Un client qui ne trouve pas les frites à son goût vient de renvoyer son assiette pour la seconde fois. Qu'à cela ne tienne ! Puisqu'il les juge trop épaisses, Crum prend son couteau, coupe des pommes de terre en tranches fines, les met dans la friteuse, puis y ajoute du sel. Ses copeaux, *chips* en anglais, lui valent les félicitations du client.

Quelques années plus tard, lorsque Crum ouvre son propre restaurant, il se souvient de ces chips et a l'idée d'en disposer gratuitement sur les tables. C'est un succès.

En 1926, Laura Scudder, la première femme avocate d'Ukiah, en Californie, s'est reconvertie en femme d'affaires. Elle crée son entreprise d'agroalimentaire à Monterey Park, une ville du comté de Los Angeles. Elle a l'idée de conditionner les chips, qui, jusque-là, étaient vendues en tube, dans des sachets scellés, pour qu'elles conservent leur fraîcheur. Grâce aux progrès technologiques, et notamment la machine à éplucher les pommes de terre, les chips vont devenir populaires aux États-Unis, puis en Europe, principalement en Grande-Bretagne.

En France, où l'on va d'abord les appeler « pommes chips », elles se démocratiseront grâce à la création de Flodor, par Jean Brueder, en 1958. Dans les années 1960, la marque les fera connaître avec une campagne publicitaire « La blonde à croquer », une création de Marcel Bleustein-Blanchet, fondateur de Publicis et père d'Élisabeth Badinter.

Pendant ce temps, en Picardie, des agriculteurs ont décidé de se regrouper en coopérative à Vic-sur-Aisne, qui va inspirer le nom de Vico. Les premières chips de la marque verront le jour en 1965, mais elle n'en fera la publicité qu'en 1981, avec le fameux slogan : « Le roi de la pomme de terre, c'est Vico ! » Il faudra encore attendre neuf ans pour que la marque lance les premières chips ondulées.

Le mot « chips », lui, entrera dans l'édition actuelle du Dictionnaire de l'Académie française avec la définition qu'aurait pu en donner George Crum : « Pommes de terre frites en rondelles très minces. »

CHOPE

UN CONTENANT ET UN CONTENU

Le mot « chope » vient de l'allemand *schopen*, « puisoir de brasseur ». Il est d'abord arrivé en Alsace sous le terme *schoppe*, « grand verre à bière », puis à Paris, dans la seconde moitié du XIXe siècle, lorsque les Alsaciens ont commencé à s'installer dans la capitale.

Dès 1864, l'aubergiste originaire de Colmar, Frédéric Bofinger, ouvre un petit bistrot près de la place de la Bastille, dans le quatrième arrondissement. Son établissement, qui va rapidement s'étendre lorsqu'il rachète les boutiques alentour, devient la première brasserie à servir de la bière à la pompe.

Après la défaite de Sedan qui met fin à l'empire et ampute la France de l'Alsace, d'une partie de la Lorraine et des Vosges, beaucoup d'Alsaciens arrivent à Paris. C'est notamment le cas de Léonard Lipp qui, avec son épouse Pétronille, ouvre une brasserie boulevard Saint-Germain, en 1880. Deux ans plus tôt, le mot est entré dans le Dictionnaire de l'Académie avec cette définition : « Sorte de grand verre à bière. Il se dit aussi du contenu. » La bière est tellement devenue à la mode que le Dictionnaire n'hésite pas à citer comme exemple : « Boire une chope, deux chopes. »

Le contenu, à l'instar du contenant, se démocratise encore avec l'ouverture, en 1896, de la brasserie *Le Zimmer*, place du Châtelet, dont des portes permettaient d'accéder directement au théâtre éponyme. L'établissement est fréquenté par une abondante clientèle d'artistes et d'écrivains, parmi lesquels Toulouse-Lautrec, Richard Strauss, Jules Verne, Émile Zola, Sarah Bernhardt, Marcel Proust et Pablo Picasso.

Dans sa huitième édition, en 1935, le Dictionnaire de l'Académie ne donnera plus comme exemple que : « Boire une chope ». C'est dans son édition actuelle qu'elle offrira une définition plus précise sur le contenu : « Récipient d'environ un demi-litre », sur la forme et la matière, expliquant qu'elle peut être notamment en verre ou en étain et munie d'un couvercle. Prost !

COLONEL

UN NOM DE LA BOTTE

« Colonel » vient de l'italien *colonnello*, dérivé de *colonna*, « colonne » et désigne le chef d'une colonne de soldats. Il apparaît dans notre langue au XVIe siècle. Le titre était réservé aux colonels généraux de l'infanterie. Ces officiers de la Couronne de France, sous François Ier, derrière les maréchaux, avaient le commandement suprême de l'infanterie et disposaient de nombreux privilèges. En 1661, à la mort du duc d'Épernon qui participa, entre autres, aux dernières luttes contre les protestants, Louis XIV supprima le titre. Il ne réapparut que sous la Régence, mais de manière honorifique. Les régiments sont alors commandés par des mestres de camp, les Maîtres de champ, une appellation venue également de l'italien *maestro di campo* qui, pour l'infanterie, vont prendre le titre de colonel. Le grade mestre de camp est supprimé à la Révolution pour être remplacé par celui de colonel, mais qui, durant les années 1793 à 1803, est chef de demi-brigade. Malgré ces changements, le Dictionnaire de l'Académie dans lequel « colonel » est entré dès la première édition, en 1694, donne cette définition : « Celui qui commande un Régiment de Cavalerie ou d'Infanterie [*sic*]. » Elle ne changera pas jusqu'en 1762 où sera ajouté le régiment de Dragons. Enfin, à partir de 1835, dans la sixième édition, un colonel sera « celui qui commande un régiment. » De la réalité à la fiction, des noms de nombreux colonels du XIXe et XXe siècle passeront à la postérité. Il serait impossible de tous les citer, mais pensons, par exemple, au roman de Balzac, *Le Colonel Chabert*, paru en 1832. Il y raconte l'histoire de Hyacinthe Chabert, un colonel de l'armée impériale de Napoléon Ier, laissé pour mort à la bataille d'Eylau, en 1807. Tandis que sa veuve, Rose Chapotel, s'est remariée, le colonel réapparaît dix ans après son supposé décès. Une autre guerre, mais pas un colonel de fiction, Aristide Denfert-Rochereau qui dirigea brillamment la défense de Belfort durant la guerre franco-prussienne. Ce qui lui valut le surnom de « Lion de Belfort ». Il y a aussi Pierre Georges, alias colonel Fabien, militant communiste et résistant français mort en opération militaire en Alsace en 1944, et le colonel Rémy, alias Gilbert Renault, lui aussi résistant durant la Seconde Guerre mondiale. Quant aux amateurs du jeu Cluedo, ils connaissent le colonel Moutarde, un moustachu au fort tempérament. Bien que les colonelles soient encore peu nombreuses dans l'armée, dans un rapport rendu public le 1er mars 2019, l'Académie française notera que l'on rencontre également la forme féminine du nom, en expliquant que « la féminisation des noms de métiers et de fonctions se développ[e] dans l'usage ».

COMMANDO

UN GROUPE À RISQUES

« Commando » est un mot portugais qui vient de *commandar*, « commander ». Il désignait d'abord un corps de soldats effectuant des expéditions parmi les populations indigènes. Il est passé par l'afrikaans, une langue germanique issue du néerlandais parlée en Afrique du Sud, où les Anglais l'ont emprunté pour désigner des unités à cheval, les kommandos boers durant la seconde guerre des Boers, entre 1899 et 1902. Le mot fut adopté en français au tout début du XXe siècle, mais il n'apparaîtra que dans l'édition actuelle du Dictionnaire de l'Académie française.

Si, durant la Première Guerre mondiale, le commando sera un petit groupe d'intervention, durant la Seconde Guerre mondiale, il qualifiera les groupes d'interventions à risques.

On parlera ensuite plutôt d'*opération commando*, comme pour l'offensive menée par les forces de l'ONU pendant la guerre de Corée entre les 2 et 15 octobre 1951 ou plus généralement lorsque des forces spéciales mèneront des assauts pour arrêter des criminels ou des trafiquants.

CORDONNIER

DU CUIR ESPAGNOL

On raconte que, au IIIe siècle, Crépin et Crépinien, deux frères persécutés, s'enfuirent de Rome. Ils trouvèrent refuge en France, à Soissons, où ils se mirent à réparer les souliers et en fabriquer gratuitement pour les pauvres avant de mourir en martyrs vers 286.

Si la profession de cordonnier est vieille comme le monde, le mot, lui, est apparu au Moyen Âge. Il est emprunté à l'espagnol *cordoba*, Cordoue, la ville d'Andalousie réputée pour la fabrication du *cordouan*, un cuir travaillé dans de la peau de chèvre ou de mouton, dont la technique avait été importée par les Arabes.

Le cordonnier est d'abord celui qui travaille le cuir de luxe, fabrique et vend des chaussures dans sa boutique. Ce sont les savetiers qui, faute d'avoir l'autorisation de vendre des chaussures, les réparent.

Au XVIIe siècle, Jean de La Fontaine leur consacrera une fable, *Le Savetier et le Financier*, montrant que c'est un métier peu rémunérateur. La morale implicite sera néanmoins que l'argent ne fait pas le bonheur. Le savetier, une fois couvert d'écus par le financier, mais malheureux, préférera les lui rendre et retrouver sa quiétude.

Le *Dictionnaire de la langue française du seizième siècle* d'Edmond Huguet, paru en 1932, explique à *cordouannier* que Rabelais orthographiait le mot ainsi, mais que Calvin l'écrivait *cordoanier*. Il précise que la forme actuelle était déjà employée au début du XVIe siècle et cite la phrase « Ung mien cordonnier de Paris » extraite du livre *Le Guidon en francoys* paru en 1534.

La première édition du Dictionnaire de l'Académie est très précise. Le savetier est un « artisan qui refait, qui raccommode de vieux souliers, des souliers usez [*sic*]. » Et de poursuivre que le mot prend parfois une signification peu laudative, puisqu'un savetier désigne également un artisan qui travaille grossièrement. En revanche, la définition de cordonnier est bien plus élogieuse. Il s'agit d'un « artisan dont le mestier est de faire des souliers, pantoufles, bottes & autres pareilles chaussures [*sic*]. » Et le Dictionnaire ne va donner que des exemples positifs, à l'instar de « bon cordonnier » ou « cordonnier qui chausse bien ». Il cite déjà le proverbe affirmant que les cordonniers sont toujours les plus mal chaussés. La définition restera identique jusqu'à la huitième édition, en 1935, où il n'est plus question de qualificatifs élogieux, mais où l'on admettra que la profession s'est féminisée, puisque le mot « artisan » sera remplacé par « celui, celle qui fait des chaussures. »

En effet, durant la Grande Guerre, les femmes ont largement contribué à l'effort de guerre en réparant les chaussures des soldats.

Enfin, avec le développement de l'industrialisation de la fabrication de chaussures, l'édition actuelle précisera que, si autrefois un cordonnier était celui qui fabriquait des chaussures, aujourd'hui son métier consiste à les réparer. Un travail qu'il effectue sous la protection de Saint Crépin, devenu le patron des cordonniers.

COTON

UNE FIBRE EXOTIQUE

Le mot « coton » vient de l'arabe *qutun*, et ses déclinaisons vont suivre le chemin de la plante. Dès le XIIe siècle, les Arabes en importent de grandes quantités de Syrie, puis introduisent sa culture et sa filature en Sicile où on le retrouve sous la forme *cotone*, du latin médiéval *cutto*, puis en Andalousie avec l'article arabe *al*, sous le nom d'*algodón*. Il apparaît dès la première édition du Dictionnaire de l'Académie française, en 1694, avec cette définition : « Espece de bourre qui vient sur un arbuste, qu'on appelle cotonnier [*sic*]. » Le Dictionnaire donne de nombreux exemples : « Coton de Chypre. coton des Indes. coton fin. Coton délié [*sic*] » et explique que, par analogie à sa douceur dont il est fait mention, on peut dire d'un jeune homme qui a du duvet que : « Son menton commençoit à se couvrir du premier coton [*sic*]. » Dans l'édition suivante, en 1718, le coton est défini comme « espece de laine qui vient sur un arbuste qu'on nomme Cotonnier [*sic*]. » La définition change dans l'édition de 1878 où il est décrit tel qu'une « sorte de bourre végétale, composée de filaments, longs, fins, soyeux, qui enveloppe les graines d'un arbuste appelé Cotonnier. » Encore dans l'édition actuelle, le dictionnaire citera le coton des Indes, de Géorgie et d'Égypte, soulignant l'exotisme de cette matière, longtemps rare et onéreuse. Il ne sera pas fait mention qu'au XVIIIe siècle, aux États-Unis, les exploitations étaient majoritairement assurées par des esclaves qui fournissent la majorité du coton dans le monde.

La guerre de Sécession aura marqué la rupture d'exportation et infligera à l'Europe une grave crise du coton. Des milliers de personnes, notamment en Grande-Bretagne où la révolution industrielle avait permis d'exploiter mécaniquement les fibres, se sont retrouvées sans emploi. Le Vieux Continent se tourna alors vers d'autres pays producteurs à l'instar de l'Égypte et de l'Inde. Ce dernier qui est sous l'Empire britannique va fournir la Grande-Bretagne, mais, paradoxalement, c'est à elle que l'Inde devra acheter les textiles en coton qu'elle fabrique. En 1920, Gandhi appellera à boycotter les produits manufacturés anglais et incitera les Indiens à s'équiper d'un rouet pour filer, puis tisser eux-mêmes leurs vêtements. Une première résistance qui conduira le pays à l'indépendance en 1947.

COUSCOUS

LA RECETTE A CHANGÉ

Le mot « couscous » est arrivé dans la langue française au XVIe siècle. D'abord sous les formes, entre autres, *couchou* et *coscosso* dérivés de l'arabe d'Afrique du Nord *kuskus* ou *kuskusū*, empruntés au berbère *k seksu* qui signifie « bien roulé, arrondi », à l'instar de la graine de semoule que l'on roule entre ses mains.

En 1542, Rabelais l'évoque dans *Gargantua*, racontant que, dans l'un des fastueux soupers, on servait « force coscossons ». Néanmoins, à cette époque et pendant des siècles encore, le *couchou* est un plat de boulettes. Dans son Dictionnaire de la langue française paru en 1873, Émile Littré parle de « mélange de viande et de farine réduites en boulettes très petites qu'on fait frire dans l'huile. » Et de préciser que l'on trouve aussi la forme *couscoussou*, mais les orientalistes disent que c'est impropre.

Le mot n'entre que dans la septième édition du Dictionnaire de l'Académie française, en 1878, avec cette définition : « Mot emprunté de la langue arabe. Il se dit d'un mélange de viande hachée et de farine, réduit en boulettes très petites qu'on fait frire dans l'huile. Le couscous est fort en usage parmi les indigènes de l'Algérie, de la Gambie et d'une grande partie de l'Afrique centrale. » Au XIXe siècle, il se décline notamment avec l'orthographe *couscoussous*, puis *kouskoussou*. Alexandre Dumas parle du « coussou coussou » qu'il avait certainement dégusté lors de l'un de ses voyages en Tunisie.

Au début du XXe siècle, on trouve la graphie *kousskouss*. En 1938, Jean-Paul Sartre, dans son roman philosophique *La Nausée*, emploie l'orthographe usitée actuellement. Il écrit : « Je retrouvais le goût du couscous, l'odeur d'huile qui remplit, à midi, les rues de Burgos, l'odeur de fenouil qui flotte dans celles de Tetuan, les sifflements des pâtres grecs ; j'étais ému [*sic*]. » Il faut cependant attendre la décolonisation de l'Algérie et l'arrivée de pieds noirs en France pour que l'on découvre dans l'Hexagone le couscous que nous connaissons aujourd'hui. De simples boulettes, il va désigner par extension le plat de semoule accompagné de viandes et de légumes, typique du Maghreb. Couscous au poulet, au mouton, aux merguez, royal, les jours de fête, il devient l'un des plats préférés des Français, mais sans tout de même détrôner le fameux poulet-frites et la raclette.

D

DÉODORANT

UN CACHE ODEUR

Pour masquer les odeurs corporelles, on a longtemps utilisé des plantes, des herbes, des parfums, du vinaigre, connu pour son action antibactérienne, mais aussi des minéraux, comme la pierre d'alun. Cependant, certains ne cherchaient pas à colmater ces effluves et leur conféraient même de nombreux attraits. En témoigne ce passage d'une lettre de Napoléon à Joséphine : « Ne te lave pas, j'accoure et dans huit jours j'arrive [*sic*] ».

En mars 1832, une épidémie de choléra, qui sévissait depuis plusieurs mois dans le nord-est de l'Europe, touche l'Hexagone. Les publications pour s'en protéger se multiplient et mettent en exergue une nouvelle discipline : l'hygiénisme. Au mois de mai, le docteur Gilbert-Marie Beynat a présenté un mémoire à la société médicale de Montpellier : *Nouveau Moyen de se préserver du choléra morbus, spécialement appliqué à la salubrité des habitations, Arts, Métiers, Manufactures (Vues hygiéniques nouvelles).* Les idées vont faire leur chemin. On prônera le lavage de mains ou la distanciation sociale, à l'instar de l'hygiéniste Adrien Proust, le père du futur écrivain qui, en 1873, publiera un *Essai sur l'hygiène internationale, ses applications contre la peste, la fièvre jaune et le choléra asiatique.*

L'hygiène devient une préoccupation majeure afin de lutter contre la transmission des maladies, mais pas encore pour réguler les odeurs corporelles.

Le concept d'un désodorisant corporel voit le jour aux États-Unis. En 1888, la marque Mum créé le premier déodorant antibactérien. Il s'agit en réalité d'une pâte à base d'oxyde de zinc que l'on peut appliquer sous les aisselles.

Le mot « déodorant », déjà en usage dans quelques manuels scientifiques plusieurs décennies auparavant, commence à être employé outre-Atlantique. Au tournant du XXe siècle, de nombreux produits arrivent sur le marché, comme l'Odor-O-No qui promet dans ses publicités d'éliminer la transpiration excessive et les odeurs. Il est destiné aux femmes qui veulent « rester fraîches et douces ».

En France, l'utilisation des désodorants reste encore anecdotique au début du XXe siècle. On en trouve quelques mentions dans les journaux, à l'instar du quotidien *L'Œuvre* qui publie notamment le 10 juin et le 22 juillet 1925 une réclame du « désodorant Gibrat », vanté pour enlever « les odeurs de la peau et de la sueur ».

Les déodorants destinés aux hommes ou aux femmes ne se démocratisent qu'à partir des années

1950, d'abord sous forme de « savon déodorant » et de « déodorant lotion ». *Le Figaro* du 15 juin 1953 fait d'ailleurs la réclame d'un « déodorant lotion » à base de chlorophylle qui peut s'appliquer sur tout le corps « et particulièrement sous les bras ».

Le mot « déodorant » passe dans le vocabulaire courant et finit par entrer déjà dans le Dictionnaire Larousse en 1961. Un honneur que lui fera seulement le Dictionnaire de l'Académie dans l'édition actuelle, terminée en novembre 2024, en précisant tout de même que c'est un « Anglicisme à éviter. On doit dire désodorant ». Avant cette date, c'était à « désodorant » qu'il avait accordé une entrée en soulignant déjà que ce mot « doit être préféré à l'anglicisme *Déodorant.* »

DUFFLE-COAT

UN MANTEAU BELGE

La ville belge de Duffel, située en Région flamande, dans la province d'Anvers, était célèbre depuis le Moyen Âge pour son tissage de drap de laine épais, le duffle, que l'on utilisa d'abord pour la confection de frocs pour les moines, un vêtement couvrant la tête, les épaules et la poitrine, et de manteaux. À la fois chauds et amples, ces trois-quarts à capuche en forme de seau permettaient de se protéger du froid et de la pluie tout en ayant une grande liberté de mouvement.

Le *duffle-coat*, « manteau de Duffel » en anglais, fut adopté comme vêtement militaire par les marins de la Royal Navy durant la Seconde Guerre mondiale. On le vit couramment porté par Winston Churchill, lorsqu'il visitait les soldats sur le front, et par le commandant des forces britanniques, Bernard Law Montgomery.

Le *duffle-coat* tomba brièvement en désuétude, comme beaucoup de choses qui rappelaient le conflit, avant de refaire son apparition à la fin des années 1950 où, précisément en 1958, l'Ours Paddington l'arbora. Il devint très tendance dès la décennie suivante et fut porté par de nombreux membres de la famille royale britannique, des célébrités à l'instar de David Bowie et en France par Jean Cocteau, Georges Pérec, Jean-Paul Sartre ou Yves Saint Laurent.

Aujourd'hui encore, il reste un manteau dans le vent.

E

ÉCARLATE

DE L'ÉTOFFE À LA SYMBOLIQUE

Le mot « écarlate » est emprunté au persan *saqirlāt*, *saqallāt*, « étoffe d'écarlate », qui à l'origine n'était pas rouge, mais bleu indigo. Il passe par l'arabe *siqlat* ou *siqillât*, transite par le grec et le romain *sigillatus*. Il arrive ensuite sous la forme de *scarlatum*, via le latin médiéval, dans l'Occident chrétien pour désigner une étoffe précieuse de n'importe quelle couleur, brodée d'or et décorée de sceaux.

Le rouge qui symbolisait la puissance et la richesse dans l'Antiquité, chez les Grecs et les Romains, prend une dimension religieuse au Moyen Âge. On l'assimile au sang du Christ, mais aussi paradoxalement au diable et aux flammes de l'enfer. Chez les profanes, il est associé à l'amour, la beauté, tout comme à la luxure.

Avec l'utilisation de teinture à base de cochenille, fabriquée, entre autres, en Espagne, à Almeria, au XIIe siècle, les vêtements féminins et masculins de couleur rouge vont devenir courants, et « écarlate » désignera en français d'abord un tissu rouge, puis un tissu rouge vif, dès le XVIIe siècle. Le mot entre dans le Dictionnaire de l'Académie française dans la première édition, en 1694, avec cette définition : « Couleur rouge & fort vive. » Les académiciens ajoutent qu'« écarlate » qualifie également une étoffe de la même teinte.

À cette époque, le rouge n'est plus vraiment à la mode. Les protestants y voient une couleur immorale qu'ils rapprochent des fastes de la papauté, dont ils ne reconnaissent pas l'autorité. Ils lui préfèrent des couleurs plus sobres, plus strictes, à l'instar du noir et du gris.

Le port du rouge décline, hormis dans l'Église catholique où il conserve sa symbolique, et cela va se poursuivre jusqu'à la Révolution française, où le rouge prendra alors une dimension politique, celle du sang versé, de l'étendard au bonnet phrygien. Il sera ensuite la couleur des partis de gauche.

Dans le Dictionnaire de l'Académie, la définition du mot « écarlate » ne changera que dans l'édition actuelle. Il sera toujours question d'étoffe, mais d'abord de « teinture d'un rouge tirée principalement de la cochenille. »

ÉDREDON

UN DON DU CANARD

L'édredon a voyagé dans le nord de l'Europe avant d'arriver jusque dans les dictionnaires français comme un duvet que fournissait l'eider, un genre de grand canard des pays scandinaves. C'est d'ailleurs du danois *ederduun*, « duvet de l'eider », qu'il nous est parvenu au XVIIIe siècle. Dans les dictionnaires, l'édredon était une couverture ou un couvre-pieds, mais, dans le langage courant, il pouvait aussi désigner un coussin, un matelas ou un oreiller, pourvu qu'il soit garni de duvet.

À la fin du XIXe siècle, le mot est si usité qu'il entre dans des expressions argotiques qui n'ont plus rien à voir avec son sens original, mais qui resteront en corrélation avec le lit. « Faire l'édredon », par exemple, s'emploiera pour parler d'une prostituée dévalisant son client qui, a fortiori, n'a pas eu le temps de tirer la couverture à lui.

ÉPINARD

UN LÉGUME DE COSTAUD

Le mot « épinard » vient du persan *ispanāg* et fut emprunté par les Arabes sous la forme *asfanāḫ, 'isfināḫ*. Il se transforma en français en *espinach*, puis en *épinard* après un passage en Andalousie où l'on nommait ce légume *isbināḫ*. Les Arabes l'avaient, en effet, importé dans le sud de l'Espagne vers l'an mille. Ils l'utilisaient essentiellement pour ses vertus médicinales, contre les douleurs de l'estomac et du foie.

On raconte que des graines accrochées aux vêtements des croisés et à des poils de chevaux auraient germé sur la route et que l'épinard serait ainsi arrivé en France vers le XIIIe siècle.

Dans l'Hexagone, on ne lui trouva aucun intérêt gustatif et c'est pourquoi on le considérait comme une herbe de carême, période durant laquelle on était invité à jeûner ou à ne faire que des repas frugaux.

Dans sa première édition, en 1694, le Dictionnaire de l'Académie le décrit d'ailleurs comme une « sorte d'herbage, de legume que l'on mange cuit, principalement en Caresme [*sic*]. »

Les Italiens, eux, l'apprécient. Aussi, au XVIe siècle, lorsque Catherine de Médicis arrive en France pour épouser le roi Henri II, elle demande que des épinards soient servis à sa table. La cour juge ce légume définitivement trop fade, alors, en hommage à la reine originaire de Florence, on va les cuisiner à la florentine, c'est-à-dire avec de la crème et des œufs.

Jusqu'à l'édition de 1935, le Dictionnaire de l'Académie continue de parler de « sorte d'herbage », mais, cette fois, il ne précise plus qu'on le mange pendant le carême, mais « ordinairement cuit ». Il cite plusieurs recettes, comme les épinards à la crème ou la tourte d'épinard.

Il faut avouer que, en trois siècles, le légume a su se forger une solide réputation. On le dit excellent pour la santé, car très bien pourvu en fer. En 1929, le personnage de Popeye, créé par Elzie Crisler Segar, dont la force naturelle est accentuée par sa consommation d'épinards, va ancrer la croyance populaire de sa richesse en fer.

Ce que l'on ignore encore, c'est qu'il ne renferme pas 27 mg de fer par 100 g, mais 2,7 mg. On s'apercevra plus tard, en 1870, que, en recopiant les données nutritionnelles transmises par le biochimiste allemand Emil von Wolff, une secrétaire avait mal placé la virgule.

Popeye restera Popeye et les épinards, pour des générations d'enfants, le légume du vendredi, servi avec des œufs durs à la cantine.

F

FILM

DES PHOTOGRAPHIES ANIMÉES

Le 28 décembre 1895, c'est un événement. Dans le Salon indien du Grand Café, au 14, boulevard des Capucines, à Paris, a lieu la première séance publique payante du Cinématographe Lumière. Il y a dix projections, dont *La Sortie de l'Usine Lumière à Lyon*, *La Pêche aux poissons rouges*, *Le Jardinier*, connu aussi sous le nom de *L'Arroseur arrosé* et *Le Petit Espiègle*, et *Le Repas*. Seule une trentaine de personnes s'est déplacée. La presse, elle, ne se montre pas intéressée et peu de journaux abordent le sujet les jours suivants. Le quotidien *Le Radical* publie un article le 31, titré : « Le cinématographe – Une merveille photographique », et écrit que cette nouvelle invention est : « certainement une des choses les plus curieuses de notre époque ».

Le journaliste en donne quelques explications : « Il s'agit de la reproduction, par projections, de scènes vécues et photographiées par des séries d'épreuves instantanées. Quelle que soit la scène ainsi prise et si grand que soit le nombre des personnages ainsi surpris dans les actes de leur vie, vous les revoyez, en grandeur naturelle, avec les couleurs, la perspective, les ciels lointains, les maisons, les rues, avec toute l'illusion de la vie réelle ».

Le bouche-à-oreille fonctionne rapidement et tous les curieux se pressent pour assister à des séances de projection dans lesquelles les premiers acteurs sont les frères Lumière, Louis et Auguste, inventeurs du cinématographe, leur famille et leur entourage. *L'Arrivée d'un train en gare de La Ciotat*, projeté en janvier 1896, va connaître un immense succès – jusqu'à 2 500 spectateurs par jour –, même si certains, ayant l'impression que le train leur fonce dessus, se réfugieront sous leur siège.

Les séances, d'une vingtaine de minutes, s'enchaînent, et la queue s'allonge encore et toujours devant le Grand Café. En témoigne un article du quotidien *Le Petit Parisien*, le 16 février 1896, qui raconte à ses lecteurs : « Avez-vous vu le cinématographe ? Telle est la question qu'on entend partout aujourd'hui. Il n'y a pas de vogue plus grande en ce moment ».

Désormais, la presse fait régulièrement écho du cinématographe. Elle parle de « photographie » ou, dans le quotidien *Le Temps* du 15 février 1896, de « scènes animées du cinématographe » et de « photographies agissantes, ambulantes ». Il n'est jamais question de *film*.

Ce mot, emprunté à l'ancien anglais *filmen*, « membrane », et au vieil allemand *fell*, va qualifier à partir du XVIe siècle une feuille très mince. Il sera employé dès les débuts de la photographie, au XIXe siècle, pour parler de la couche de gélatine que l'on étend sur la plaque ou le papier, la pellicule. Le « film » désignera ensuite une pellicule pour le cinéma, puis, par métonymie, au début du XXe siècle, une œuvre cinématographique.

Lorsqu'en 1935 « film » entrera dans le Dictionnaire de l'Académie, la définition reprendra encore les deux utilisations du mot : « T. de Photographie et de Cinématographie. Pellicule de gélatine. » Mais aussi : « Suite de scènes constituant un drame, une actualité, etc., représentés au cinématographe [*sic*]. » Il faudra attendre l'édition actuelle pour que la définition s'affine autant sur la pellicule que sur ce que l'on appelle désormais « œuvre cinématographique fixée sur ce support. » Et que l'on parle même de « tourner un film » ou de « scénario d'un film ».

G

GHETTO

UN QUARTIER VÉNITIEN

« Ghetto » est emprunté à l'italien *Guetto*, une petite île de Venise où il y avait une fonderie, la *Getto vecchio*. Il est aussi dérivé de *ghettare*, « jeter », et c'est peut-être là qu'il faut lui trouver son sens. En effet, à partir de 1516 et jusqu'à l'occupation de la ville par Bonaparte, en 1797, les Juifs, séparés du reste de la population, étaient assignés à résidence sur cette île vénitienne. C'est d'ailleurs ce qu'explique le Dictionnaire de l'Académie française lorsque le mot y entre en 1935. Il ajoute que, par extension, on désigne aussi par ghetto « toute agglomération d'habitants d'origine juive dans une ville moderne », et ce n'est que dans l'édition actuelle qu'il parlera d'autres communautés vivant isolées. Il citera notamment « les ghettos noirs des grandes villes américaines », à l'instar, par exemple, de New York, Chicago, Boston ou Washington et Los Angeles. Romain Gary qui a été consul de France dans cette ville de Californie et qui, avec son épouse Jean Seberg, avait beaucoup d'amis dans la communauté noire, en parle dans *Chien blanc*, en 1970. Gary se demande comment un jeune noir du ghetto pouvait résister à ce qu'il appelait la « société de provocation », c'est-à-dire où l'abondance était reine. En mettant en parallèle les populations des ghettos et les autres citadins, l'auteur de *La Promesse de l'aube* prouve que le XVIe siècle n'est pas encore si loin.

GIRAFE

UN CURIEUX CADEAU

En 1826, Méhémet-Ali, le vice-roi d'Égypte, souhaitant renforcer ses relations diplomatiques avec la France, décide d'offrir une girafe au roi Charles X. Ce cadeau ne va pas passer inaperçu, car c'est la première fois qu'une girafe foule le sol de l'Hexagone.

L'animal, capturé dans le sud du Soudan, est ramené à dos de dromadaire jusqu'au Nil, puis on le charge sur une felouque qui le conduit à Alexandrie. Elle traverse ensuite la Méditerranée et arrive à Marseille, le 23 octobre. Le climat du sud étant plus clément que celui de la capitale, on décide de lui laisser passer l'hiver… dans les jardins de la préfecture ! Mais le beau temps revenu, Charles X et les Parisiens la réclament à cor et à cri. Le 20 mai 1827, elle quitte enfin Marseille et commence son long périple vers Paris. Les moyens de transport de l'époque étant très limités, on juge qu'il sera mieux de la faire voyager à sabots, mais au cas où ils s'useraient ou qu'elle ait froid, on lui prévoit des paires de bottes et un imperméable taillé à sa mesure. Il n'est bien sûr pas question de lui faire prendre le moindre risque, et c'est sous l'escorte avisée de l'éminent naturaliste Étienne Geoffroy Saint-Hilaire, directeur de la Ménagerie du Muséum, et d'un cortège de quelques vaches qui lui offriront sa ration quotidienne de lait, qu'elle entame sa longue marche de 41 jours. Dans chaque commune où elle passe, des gens qui n'en croient pas leurs yeux de voir une girafe vivante. Ils l'acclament comme une star.

Le roi l'accueille dans sa résidence d'été, au château de Saint-Cloud, le samedi 30 juin 1827, puis elle rejoint la Ménagerie du Muséum. Son succès est immédiat. Dès le 5 juillet, une colonne lui est consacrée dans le *Journal des débats politiques et littéraires* : « La girafe, arrivée à Paris samedi soir, a fait hier matin sa seconde apparition devant le public de Paris. MM. les administrateurs du Jardin des Plantes ont choisi, à cet effet, un emplacement très commode pour les spectateurs : déjà, des milliers de Parisiens en savent plus sur cette merveille des déserts que n'en ont jamais su Pline, Aristote et Buffon ».

Durant l'été, 600 000 visiteurs se pressent pour la voir et il n'en faut pas moins pour déclencher une véritable girafomania. On retrouve ce mammifère ongulé sur de la porcelaine, du papier peint ou des éventails. Les femmes inventent même une *coiffure à la girafe*, qui consiste à se faire un grand chignon en hauteur sur la tête.

On la baptisera tout naturellement *zaràfa*, le mot arabe la qualifiant et signifiant aussi « gracieux, aimable ». Par déformation phonétique, *zaràfa* deviendra *girafe* en français.

Après avoir vécu 18 ans dans la Ménagerie du Muséum, l'animal s'éteindra le 12 janvier 1845. Le mot, lui, s'installera dans le dictionnaire et, au fil des années, ne désignera plus seulement le mammifère. Par allégorie à sa haute taille, la girafe qualifiera, de façon péjorative, une grande femme. En 1846, dans *La Cousine Bette*, Balzac parle de son personnage Wenceslas Steinbock comme un « pauvre garçon sans appui, sans fortune ! dédaigné par une girafe couleur carotte ! » Dans *L'Opéra des Girafes*, de Jacques Prévert, le mot passe, d'une ligne à l'autre, de son sens propre à son sens figuré. Mais les deux vieillards, sans ambiguïté, se souviennent : « Avec une grande girafe/Qu'on est heureux à vingt ans ».

Toujours par allégorie à la grandeur du mammifère, au cinéma, la longue perche équipée d'un micro, qui suit les acteurs, sera surnommée « girafe ». Loin de la savane, en 1950, le Suisse Roger Perrinjaquet inventera le « Bamix », néologisme formé à partir des termes « battre » et « mixer », désignant un mixeur plongeant, que l'on ne tardera pas, en raison de son long manche rappelant le cou de l'animal, à surnommer « girafe ».

En 1961, le 25 mai, jour de la Sainte-Sophie, ce sera le début du succès de la girafe éponyme. Créée par un certain Théo Rampeau, spécialiste de la transformation du latex, et fabriquée à base de caoutchouc 100 % naturel, Sophie la girafe continue de réconforter des milliers de bambins.

Quant à Zaràfa, on avait pris soin de la faire naturaliser et elle fut conservée quelques années dans les réserves du Muséum national d'Histoire naturelle de Paris. En 1931, le Docteur Étienne Loppé la demanda pour le Muséum d'Histoire naturelle de La Rochelle, dont il était le conservateur. Il l'installa dans l'escalier qui mène à la galerie de zoologie, où l'on peut toujours la voir aujourd'hui.

GRI-GRI

DU MAUVAIS AU BON ŒIL

Les étymologistes se partagent pour dire que le mot « gri-gri » viendrait du mandingue, une langue parlée par des peuples du Sénégal et du Haut Niger, *yiri-yiri*, « trembler », ou de *gidyi-gidyi*, « tonnerre ». À l'origine, il désignait un esprit malfaisant.

Le mot, comme les objets qui s'y rapportent, fut importé aux Antilles par les esclaves noirs.

Il apparaît dans la langue française à partir du XVIe siècle, sous la forme de *gri-gri*, puis de *gris-gris*, avec un sens péjoratif, puisqu'il est synonyme de diable. Il ne rentrera que dans l'édition actuelle du Dictionnaire de l'Académie française qui l'écrit *grigri* ou *gri-gri* et lui attribue désormais « une influence protectrice ou bénéfique. »

Œil bleu, de la Turquie à l'Iran en passant par l'Arménie, la Grèce et le Maghreb, main de Fatma dans les pays musulmans, *maneki neko* au Japon ou simple morceau de papier sur lequel sont écrits des versets du Coran, le gri-gri a pris au fil des années différentes formes, mais on leur attribue à tous un pouvoir de protection. En témoigne Maurice Genevoix avec son roman *Fatou Cissé*, paru en 1954, qui racontait le destin d'une jeune servante sénégalaise dans une famille de colons. Il écrivait : « Le Père, de sa haute taille, dominait le petit vieux cuivré, sanglé, ceinturé de grigris – poils de singe et griffes de panthère, coquillages et dents de requins… » et expliquait plus loin que les hommes portent des grigris pour aller pêcher.

Quel que soit leur statut social, beaucoup d'hommes et de femmes, qu'ils l'avouent ou non, croient aux pouvoirs du grigri. C'est d'ailleurs de ce nom que Charles de Gaulle baptisera son chartreux, pragmatiquement en raison de la couleur de son pelage, mais aussi parce que ce chat lui apportait du bonheur. Preuve en est, sa majesté féline était le seul à avoir le privilège de se balader librement dans la maison et le jardin de La Boisserie, la résidence personnelle du général.

H

HAMAC

UN LIT SUSPENDU

Le hamac trouve son origine dans les forêts d'Amérique centrale, du Sud et des Caraïbes. Il devrait son nom *hamacu* à l'arbre éponyme dont les Taïnos utilisaient les fibres pour le tresser.

Dès le XVIe siècle, on trouve le mot dans des récits de voyages sous différentes formes, comme *hamacas, amache, hamat*, puis *hamaca* que les Espagnols ont emprunté au taïno, une ancienne langue indienne de Haïti. C'est peut-être d'ailleurs dans ce pays que Christophe Colomb aurait découvert ce lit suspendu. Le hamac est utilisé pour se reposer à l'abri des bêtes sauvages, des serpents et de l'humidité. Pratique – une fois plié, il ne prend pas de place –, il va être adopté par les marins pour remplacer leurs lits souvent inconfortables et crasseux. En outre, sa mobilité leur évite de tomber lorsque la mer est mauvaise.

Ils le font ainsi connaître en Europe, où son utilisation suscite néanmoins peu d'intérêt. Dans son *Dictionnaire universel* publié en 1690, Antoine Furetière explique

que le hamac, « c'est un lit de cotton, qui consiste en une grande Mante ou couverture, dont on fait grand trafic en toutes les Indes Occidentales. Pour s'en servir on le suspend à deux arbres, & il garentit ainsi des animaux farouches & des insectes [*sic*]. » Il raconte également combien sa fabrication est codifiée : « Les Caraïbes sont si superstitieux, qu'ils les travaillent avec grande ceremonie. Ils mettent au bout du mestier des pacquets de cendre ; faute de quoy ils croyent que leur hamac ne dureroit pas. S'ils avoient mangé des figues quand ils ont un hamac neuf, ils croyent que cela le feroit pourrir ; & ils n'osent manger d'un poisson qui a de bonnes dents, croyant que cela seroit cause que leur hamac seroit bientost percé [*sic*]. » D'après Furetière, toujours, des hamacs ont été rapportés en France et certaines personnes les utilisent.

Le mot entre dans le Dictionnaire de l'Académie française dès la quatrième édition, en 1762, avec cette définition pragmatique : « Espèce de lit qui consiste en une couverture qu'on suspend à deux points fixes. » Il devient « une sorte de lit formé d'un morceau de toile ou d'un filet » en 1835. Si les marins continuent de s'en servir comme couche – et ce, jusqu'après la Première Guerre mondiale – au XIXe siècle, il est aussi plébiscité dans certaines prisons anglaises pour gagner de l'espace.

Aux États-Unis, les fermiers commencent à se tourner vers ce couchage aussi pratique que bon marché, tandis qu'il séduit les familles de la classe aisée pour se reposer lors de leurs parties de campagne.

En France, lorsque le 19 août 1856, le train impérial est inauguré pour un trajet qui va conduire Napoléon III et l'impératrice Eugénie à Biarritz, le prince impérial, alors âgé de presque 5 mois, dormira dans un hamac, spécialement aménagé afin qu'il ne soit pas trop secoué par le roulement du train.

Après avoir fait ses preuves dans la forêt tropicale, sur les bateaux, dans les campagnes, les prisons et les trains, le hamac intéressera la NASA pour que les astronautes puissent dormir confortablement lors des missions spatiales. Une drôle d'aventure pour ce lit qui ne prenait pas d'espace que d'y aller.

HANDICAP

UN JEU ÉTRANGE

« Handicap » est la contraction de *hand*, « main », *in*, « dans », *cap*, « chapeau », un jeu de hasard dont la règle consistait à disputer des objets personnels en mettant sa mise dans un chapeau. Le mot passa dans le vocabulaire hippique pour désigner notamment une course dans laquelle on égalisait les chances des participants en répartissant des désavantages proportionnés à la force de leur cheval.

Il arriva en France à la fin du XIXe siècle, et c'est d'ailleurs exclusivement en tant que terme sportif qu'il rentre dans le Dictionnaire de l'Académie en 1935.

Il faudra attendre l'édition actuelle pour avoir la définition la plus usitée aujourd'hui, c'est-à-dire : « Infirmité, déficience accidentelle ou naturelle, passagère ou permanente, qui entrave l'activité physique ou mentale. » En 2008, c'est le mot « polyhandicapé » qui rentrera dans le Petit Robert, puis en 2012 dans le Petit Larousse et, bien sûr, il ne sera plus question de jeu.

HARICOT

DEUX POUR LE PRIX D'UN

« Haricot », le légume que nous connaissons aujourd'hui, a pour origine le mot aztèque *ayacoltli.* Il entra dans la langue française via l'espagnol *ayacote.*

S'il était déjà cultivé dans les Andes 7 000 ans avant notre ère, il ne fut rapporté en Europe par Christophe Colomb qu'au XVIe siècle. Néanmoins, le mot « haricot » était déjà utilisé en France depuis très longtemps. Dans l'un de ses romans, *Yvain ou le Chevalier au lion*, Chrétien de Troyes, au XIIe siècle, employait *harigoter*, qui lui vient du latin *aliquot*, au sens de « couper en morceaux ». On va retrouver cette façon de préparer la viande dans le *haricot de mouton*, un plat sans haricot, mais composé de navets, d'oignons et de viande effilochée.

Dès l'édition de son premier Dictionnaire, l'Académie parle d'ailleurs d'un ragoût qui serait fait avec du mouton et des navets. La définition est encore la même au XIXe siècle dans le Dictionnaire d'Émile Littré : « ragoût fait avec du mouton coupé en morceaux des pommes de terre et des navets. »

Pourtant, on consomme des haricots, le légume, depuis le début du XVIIIe siècle. Il est décrit comme une sorte de « gousse verte » prenant des couleurs différentes quand elle arrive à maturité.

Dans son édition de 1762, l'Académie donne pour la première fois cette définition : « Plante dont les fleurs sont légumineuses » et d'ajouter : « C'est un légume dont on fait grand usage, & qu'on prépare de différentes manières ». Le haricot, le légume, et le haricot, le plat, coexistent toujours dans les dictionnaires. Et c'est le légume qui, au XIXe siècle, a donné l'expression « la fin des haricots » pour parler d'une situation critique. Parmi plusieurs versions, on raconte qu'elle tiendrait son origine du fait que, autrefois, dans les internats, on servait des haricots, une denrée bas de gamme, pendant les périodes difficiles et que, lorsqu'il n'y avait plus de haricots, il n'y avait plus rien à manger.

HASARD

UN JEU DE DÉS

Selon la légende grecque, Palamède, un prince eubéen, inventa les dés pour distraire ses compagnons pendant le siège de Troie. Ce jeu sera appelé *az-zahr* par les Arabes, peut-être parce que les dés portaient une fleur sur l'une des faces et *zahr*, la « fleur d'oranger », donna le mot « hasard ». Il arrive dans la langue française au Moyen Âge via l'espagnol *azar*. On lui ajoute un h, comme il est d'usage à cette époque pour faciliter la lecture des mots étrangers qui commencent par une voyelle. Au XIIIe siècle, le hasard est d'abord un mauvais coup.

Il entre dans la première édition du Dictionnaire de l'Académie française, en 1694, écrit avec un z. Plusieurs définitions montrent que le mot n'a pas encore trouvé la sienne. Le « hazard [*sic*] », c'est à la fois : « Fortune, sort, rencontre fortuite. Coup de hazard [*sic*] ». Ils parlent aussi de « Jeu de hazard [*sic*] » qui « est un jeu où le hazard a plus de lieu que l'industrie, comme sont les jeux de cartes & des dez [*sic*]. » Les académiciens expliquent également que : « On appelle, Meuble, habit, biblioteque, &c. de hazard, Un meuble, une biblioteque, &c. que l'on a trouvée à vendre par rencontre, & qu'on a achetée à bon marché [*sic*]. » Ils citent l'adverbe « par hazard [*sic*] » et lui donnent le même sens que celui que nous lui attribuons aujourd'hui. Enfin, ils précisent qu'« il signifie aussi, Peril, risque [*sic*]. » Certainement parce que l'on a déjà constaté que le hasard ne faisait pas toujours bien les choses.

Dans l'édition de 1740, le z a laissé place au s. Le Dictionnaire de Trévoux de 1771, dans son quatrième tome, explique en préambule de ses définitions que :

« (L'h s'aspire, & le d ne se prononce jamais.) » Et qu'« il est mieux d'écrire *hasard*, avec l'Académie, & tous les bons Auteurs, que *hazard* [*sic*]. » Il cite l'Abbé Girard, grammairien, académicien et chapelain de la duchesse de Berry, qui dit que « le hasard ne forme ni ordre, ni dessein. On ne lui attribue ni connaissance, ni volonté ; & ses évènements sont toujours incertains ». Le Dictionnaire fait mention de quelques expressions comme « *hasard* sur les balais, pour se moquer de celui qui veut vendre trop cher une méchante marchandise. » Enfin, on apprend que ce mot, auquel il est consacré plusieurs colonnes, est aussi un « terme de Fleuriste [*sic*] » et que « par ce mot, on entend une Tulipe, qui se trouve panachée, qui ne l'étoit point l'année précédente [*sic*] ». Comme le Dictionnaire de l'Académie, celui de Trévoux signale que le hasard « signifie cas fortuit, ce qui arrive sans cause apparente, ou nécessaire ». Il revient également sur des « jeux de hasard où il n'y a nulle adresse, parcequ'on joint à son idée celle d'heureux, & qu'il semble que la fortune ait fait choix de nous, pour nous favoriser [*sic*] ». Nous sommes en plein siècle des Lumières et l'on sent l'influence philosophique dans cette explication : « Dire que c'est le hasard qui a fait le monde, c'est alléguer un grand mot vide, & qui n'a point de signification : car le hasard qui n'est rien, est par conséquent incapable d'action. » Dans *Zadig ou la Destinée*, en 1748, Voltaire écrivait : « Il n'y a point de hasard ; tout est épreuve, ou punition, ou récompense, ou prévoyance. »

Presque deux siècles plus tôt, Montaigne lui consacrait le chapitre XXXIII du premier tome de ses *Essais* : « Le hasard va souvent de pair avec la raison. » En sous-chapitre, il écrivait : « Le hasard est tellement sujet à variations qu'il se présente à nous sous de multiples aspects. » Et citait plusieurs exemples de situations où le hasard est intervenu, allant même jusqu'à se demander si : « Le hasard ne se fait-il pas parfois artiste ? »

À tous les siècles, la grande question sera : « Le hasard existe-t-il ? ». Est-il aussi aléatoire qu'un jeu de dés ? Albert Einstein dira : « Dieu ne joue pas aux dés », soit que la nature ne laisse aucune place à l'incertitude. Alors, hasard ou pas ?

I

ICEBERG

UNE MONTAGNE GLACÉE

Comme les icebergs se déplacent, le mot s'est longtemps promené avant d'arriver dans nos dictionnaires français. Il est parti, au XVIIIe siècle, des langues nordiques *ysbergh*, *isbjerg* et *isberg*, puis est passé par le néerlandais *ijsberg*, *is* signifiant « glace », et *berg*, « montagne ». Il désigne d'abord un glacier côtier qui a la forme d'une colline.

Les Britanniques anglicisent à demi le mot au XIXe siècle, qui devient *ice*, « glace », *berg*, « montagne ».

Il reste peu employé dans le vocabulaire commun avant le tragique accident de 1912. Dans la nuit du 14 au 15 avril, le *Titanic* heurte un iceberg. Le mot se répand alors dans les journaux pour expliquer le drame. *Le Matin* du 16 avril reprend une dépêche de Londres pour informer ses lecteurs que le transatlantique est entré « en collision avec un iceberg ». *Le Figaro* du 20 avril raconte : « Le *Titanic* marchait à bonne vitesse lors de la rencontre de l'iceberg ». Le 24 avril, *Le Petit Journal* donne des précisions sur ce monstre flottant en expliquant : « L'iceberg rencontré par le *Titanic* mesurait 90 pieds de hauteur. Le navire vint l'effleurer et eut le flanc ouvert, ce qui rendit les cloisons étanches inutiles. »

Le naufrage qui a fait plus de 1 500 morts reste dans toutes les mémoires, et c'est tout naturellement, parce que les mots sortent et entrent dans le dictionnaire en fonction de leur usage, qu'« iceberg » fera son entrée dans le Dictionnaire de l'Académie française, en 1935. Il le qualifiera de « montagne de glace flottant dans la mer », à l'instar du monstre qui avait décimé tant de personnes, avant de modifier sa définition dans l'édition actuelle et de parler de : « Gros bloc de glace qui s'est détaché de la banquise et flotte sur la mer au hasard des courants ». Un mauvais hasard pour le *Titanic*.

J

JASMIN

UNE PETITE FLEUR DU PARADIS

Cette petite fleur blanche très odorante était cultivée dans les jardins persans bien avant notre ère. Son nom est issu de l'arabo-persan, *yàsamîn*, qui signifie « cadeau des dieux ». Il n'est arrivé dans le vocabulaire français, d'abord orthographié *jassemin*, qu'au Moyen Âge.

Le jasmin était néanmoins bien connu en Orient et en Asie. On l'utilisait en Égypte pour parfumer l'eau des bains et les statuettes des dieux. En Inde, sa culture se développa autour de la ville de Madurai, au sud du sous-continent, sur les rives du fleuve Vaigai, à partir du ve siècle avant Jésus-Christ. On associa son doux parfum à Kâma, la divinité hindoue du désir et de l'amour. La légende raconte que les flèches de son arc étaient faites de cinq fleurs, dont celle de jasmin, qui symbolise la langueur amoureuse. Sa couleur, d'une blancheur parfaite, était célébrée aussi par les poètes sanskrits.

En Europe, le jasmin est d'abord cultivé au xiie siècle, en Andalousie. Avec sa blancheur virginale, on l'associe rapidement à la Vierge Marie, d'autant qu'il pousse en mai, le mois qui lui est dédié. Il est souvent représenté sur les tableaux de la Renaissance, tressé en couronne sur le Christ ou sa mère, tenu en bouquet ou en décoration.

Le mot entre dans le Dictionnaire de l'Académie dès la première édition, en 1694, comme « sorte d'arbuste qui produit des fleurs odorantes. » Il cite déjà les gants parfumés au jasmin qui deviendront une spécialité des maîtres gantiers de la ville de Grasse. Moins poétiquement, on l'utilise aussi à la faculté de médecine de Montpellier, avec notamment du thym, pour composer des mélanges aromatiques destinés à masquer les odeurs corporelles qui seraient signe, selon des scientifiques de l'époque, de maladies.

Depuis le XIXe siècle, le jasmin est devenu en France un incontournable de la parfumerie. Ses fleurs se cueillent à la main et il n'en faut pas moins de 700 kilos pour obtenir un litre d'absolu, la plus forte concentration de parfum.

JEAN

UN VÊTEMENT DE LA BOTTE

Le jean doit son nom à la ville de Gênes, en Italie, où l'on fabriquait, dès le XVe siècle, une toile très solide qui servait à confectionner des vêtements pour les marins. À l'origine, elle était de couleur écrue avant d'être teinte en bleu, en France, à Nîmes, dans le Gard. C'est alors que cette toile prit le nom de *denim*, par allégorie à son lieu de traitement.

Le denim est d'abord porté par les ouvriers avant que, outre-Atlantique, un certain Levi Strauss s'y intéresse. Cet Allemand installé aux États-Unis ouvre un commerce de tissus dans les années 1850 et taille les premiers blue-jeans. Les chercheurs d'or, puis la classe populaire adoptent rapidement ces pantalons qui résistent à toute épreuve.

Un siècle plus tard, le jean devient à la mode avec la jeunesse de l'après-guerre. Il est aussi prisé par les artistes et les stars, comme Andy Warhol, Marlon Brando, James Dean, Elvis Presley ou Marylin Monroe. Dans les années 1970, il est le pantalon préféré des hippies et des rockers et finit par passer d'anticlassique à basique.

JOLI

LA BEAUTÉ EN OPTION

L'adjectif « joli » est dérivé de *jôl*, une grande fête païenne scandinave qui célébrait le solstice d'hiver. Il est arrivé en France avec les Vikings. Émile Littré écrira en parlant de Friedrich Christian Diez, linguiste allemand, fondateur de la grammaire comparée des langues romanes : « Diez suppose avec raison que le mot a dû être introduit dans le français par les Normands. »

Le mot est attesté dès le XIIe siècle sous la forme de *jolif*.

Sa signification, multiple, a changé au cours des siècles. Jusqu'au XVIIe, quelqu'un de jolif était une personne aimable.

Dans sa première édition, le Dictionnaire de l'Académie française donne d'abord la définition de : « Gentil, agréable. » Il cite ensuite de nombreux exemples dans lesquels le mot peut être employé, tels que : « C'est un joli homme » pour « un jeune homme qui commence à entrer dans le monde, & qui s'y distingue ».

Dans son Dictionnaire, en 1874, Émile Littré consacre plusieurs colonnes au mot en lui rendant tous ses sens historiques. Il commence par donner cette définition : « qui marque la vivacité, l'esprit, la gaîté ; ce sens, ce qui est le primitif, a vieilli. » Et de citer Corneille qui emploie plusieurs fois cet adjectif dans sa pièce *La Suite du menteur*. Dans l'acte I, scène II, notamment, il fait dire à Cliton : « Je meure, ton humeur me semble si jolie, Que tu vas me résoudre à faire une folie. » Dans la scène III, Dorante s'exclame : « Cette fille est jolie, elle a l'esprit gaillard. »

Quand est présentée pour la première fois cette comédie, en 1644, Corneille utilise ce mot comme synonyme d'« aimable » et de « joyeux ».

Émile Littré cite un autre exemple : « C'est un joli garçon, se disait d'un jeune homme qui se distingue et se fait estimer par sa bonne conduite, par son mérite. On dit aujourd'hui en ce sens : c'est un joli sujet. »

Il explique que le mot « joli » peut s'employer ironiquement : « Par ma fois, votre frère et vous, êtes deux jolis garçons dans vos choix. Ce qui signifie qu'ils ont fait des choix qui ne sont pas en leur honneur. » Littré ajoute que « joli » s'emploie également « ironiquement et populairement » et appuie son propos par : « Il est joli garçon, se dit d'un homme qui s'est enivré, qui a été battu, qui est en mauvais état ». Ou encore « Il s'est fait joli garçon, se dit de celui qui a mis ses affaires en désordre par la débauche, par sa mauvaise conduite. » Donc qui a perdu sa fortune. A contrario, quelqu'un de joli est « digne d'être apprécié » ou « qui plait par la gentillesse sans avoir une beauté régulière et complète. Elle est plus jolie que belle. » Littré s'appuie alors sur La Fontaine et sa fable *Le Corbeau et le Renard* : « Que vous êtes joli ! que vous me semblez beau ». Il précise encore que l'adjectif ne s'attribue pas qu'aux humains, mais « se dit des choses ou des animaux dans le même sens. » Et motive son propos par « un joli cheval ».

Littré fait un petit écart pour parler de la locution « joli cœur » qui, selon lui, se dit « familièrement » et qui définit « un homme qui fait l'agréable », mais aussi quelqu'un qui dissimule « sous une gaieté forcée, une vive contrariété ». Il revient sur « joli » et stipule qu'il peut signifier « qui donne agrément, aisance. Le voilà maintenant dans une très-jolie position. » Et que, « par ironie », le mot se dit également pour « déplaisant, ridicule, digne de blâme en parlant des personnes ou des choses. Vraiment vous êtes joli de me parler de la sorte. »

Dans l'édition actuelle du Dictionnaire de l'Académie, les définitions sont recentrées sur l'esthétisme : « Qui, sans atteindre à la beauté ni même à la grâce, a de l'agrément extérieur et charme par son apparence. » Néanmoins, elle note tout de même que le mot peut s'employer souvent familièrement et par antiphrase pour parler « d'une personne ou d'une chose qu'on juge déplaisante, digne de blâme. » Et cite dans l'un des exemples « Tout ce joli monde s'est retrouvé au dépôt. » Enfin, le mot peut, de façon populaire, s'employer substantivement : « C'est du joli de parler de la sorte ! » Une forme que l'on retrouve dans des films grand public, à l'instar de la comédie de Jean Girault *Le Gendarme de Saint-Tropez*, où l'employé d'un bateau s'exclame : « Allez filez ! C'est pas joli, joli ! »

Pour se souvenir qu'être joli peut cacher des sentiments moins laudatifs, comme le signifiait l'une de ses définitions originales, il faut s'en référer à la chanson de Georges Brassens *Une Jolie Fleur*, et ces paroles : « Une jolie fleur dans une peau de vache, Une jolie vache déguisée en fleur ». Allégorie d'une femme qui était certainement jolie, mais pas joli, joli.

JUPE

PAS TOUJOURS MINI

Dans l'Antiquité et jusqu'au haut Moyen Âge, les femmes comme les hommes portaient des tuniques. Vers l'an mille, les vêtements se rallongent, et ce qui ressemble alors à des jupes se nomme tout simplement des tuniques longues. Le mot « jupe », lui, arrive dans le vocabulaire français au XIIe siècle. Il vient de l'arabe *djoubba*, transite par l'Italie où il prend la forme de *jupa*, mais désigne d'abord une sorte de veste, comme le pourpoint, avant de qualifier un vêtement qui va de la ceinture au bas des jambes.

Dans un premier temps, la jupe est unisexe, puis progressivement, par commodité, les hommes adoptent la culotte ou le pantalon.

En 1694, le premier Dictionnaire de l'Académie française donne cette définition : « La partie de l'habillement des femmes, qui descend de la ceinture jusqu'aux pieds. » Il est, à cette époque, pas plus que durant les deux siècles et demi suivants, hors de question de montrer ses mollets. Cela serait perçu comme de l'indécence. Les jupes sont encombrantes avec leurs tissus volumineux et bientôt même davantage quand la mode va être à la crinoline, formée de cerceaux baleine ou de lames d'acier flexibles. Elles traînent sur le sol et rendent les déplacements laborieux. Le 4 mai 1897, dans le quartier des Champs-Élysées, à Paris, c'est la catastrophe. Un incendie, causé par la combustion de vapeurs de l'éther utilisé pour alimenter une lampe de projecteur de cinéma, se déclare au Bazar de la Charité. Cette œuvre de bienfaisance, créée en 1885, est majoritairement fréquentée par des femmes qui, en partie à cause de leurs vêtements imposants et inflammables, périront dans les flammes. *Le Petit Parisien* du 6 mai rapporte : « Les femmes, en très grand nombre, perdaient la tête, courant, affolées, de droite et de gauche, cherchant inutilement des issues malheureusement trop étroites », et raconte que les femmes et jeunes filles étaient en toilettes printanières et qu'on les a retirées carbonisées des décombres. On dénombrera 125 morts, dont 118 femmes, parmi lesquelles Sophie-Charlotte, duchesse d'Alençon, la sœur de Sissi, l'impératrice d'Autriche. Le drame reste dans les mémoires, mais la mode ne change pas pour autant. Les jupes se raccourcissent légèrement avec la mode du vélo, au tout début du XXe siècle. Les femmes préféreraient, certes, pédaler en pantalon, mais la Loi du 26 brumaire an IX (17 novembre 1800) le leur interdit, à moins de se présenter à la préfecture pour demander une autorisation. C'est ce que fera l'artiste peintre Rosa Bonheur afin de se rendre plus communément dans les abattoirs et les foires aux bestiaux où elle puise les sujets de beaucoup de ses tableaux.

La loi, devenue caduque depuis longtemps, sera abrogée en 2013 et, en plus d'un siècle, les jupes auront beaucoup perdu de leur longueur. On les a déjà un peu raccourcies durant la Première Guerre mondiale, lorsque les femmes ont dû remplacer les hommes dans les usines.

La huitième édition, celle de 1935, du Dictionnaire de l'Académie a modifié la définition de la jupe et parle désormais de : « La partie de l'habillement des femmes qui descend depuis la ceinture plus ou moins bas, suivant la mode. » Les ciseaux de Coco Chanel la coupent en dessous des genoux, mais ce sont surtout ceux de la styliste britannique Mary Quant qui vont tailler dans le tissu et inventer la mini-jupe.

K

KAKI

UNE COULEUR DE POUSSIÈRE

Au milieu du XIXe siècle, les soldats britanniques arrivés en Inde portaient un pantalon blanc et une veste écarlate. Des teintes peu adaptées à la situation, puisque le rouge est voyant et le blanc salissant, en plus d'être la couleur du deuil sur le sous-continent.

Le lieutenant général Sir Harry Burnett Lumsden, alors en poste au Pendjab, décida, pour mieux se camoufler, de teindre son uniforme avec un liquide à base de boue et de plantes qui donna une couleur de poussière, se disant en persan et en hindi *khâki*. Les Anglais reprirent le mot en l'orthographiant *khaki* ou *khakee*.

Dans une région où la température pouvait fréquemment dépasser 45 °C, Lumsden fit porter à ses hommes des pantalons de pyjama en coton, plus légers que ceux en laine qu'ils revêtaient auparavant, également teints en kaki. Il devint la couleur officielle de l'uniforme britannique en 1884. Durant la guerre des Boers, de 1899 à 1902, on donnera même aux Anglais le surnom de « Khakis ».

Cette couleur sera adoptée par de nombreux corps d'armée dans le monde, avant d'être l'une des préférées des hippies qui avaient la volonté d'afficher leur pacifisme en détournant l'uniforme.

KARAOKÉ

ÇA CHANTE DANS LE VIDE

Le karaoké vient du pays du Soleil-Levant. Il est formé de façon très pragmatique à partir des mots japonais *kara*, « vide », et *oke*, « orchestre ». Ce divertissement qui consiste à chanter des paroles projetées sur un écran, en étant accompagné musicalement, est très à la mode au Japon dès les années 1960, lorsqu'en France on est en pleine période yéyé.

Il faut attendre trois décennies pour que le karaoké arrive en Europe et séduise toutes les tranches d'âges. Signe de son succès, le mot rentre dans le Petit Robert en 1998, mais, à ce jour, il n'a pas encore obtenu la faveur des académiciens, puisqu'il est absent de leur Dictionnaire.

KAYAK

L'EMBARCATION QUI VIENT DU FROID

Le mot « kayak » fut emprunté à l'inuit et désignait un petit canot traditionnellement constitué de peaux de phoques tendues, que les Esquimaux utilisaient au Groenland pour aller à la pêche, chasser et se déplacer.

Il est d'abord utilisé par les Anglais dès 1662, puis se répand avec les missions évangéliques. On le retrouve dans de nombreux récits de voyages au pôle Nord, au XIXe siècle. Le capitaine Mayne-Reid, par exemple, raconte, en 1885, dans son livre *Les Lapons et les Esquimaux* : « Les Esquimaux ont leur pirogue qu'ils appellent *kayak*, et dont la construction est très remarquable. Figurez-vous une grande chaloupe pontée, qui n'a pas plus de soixante centimètres de large, et qui est longue en revanche de sept à huit mètres ».

Le mot prend différentes formes orthographiques, comme *cayac*, *kajack*, *kaïak*, puis *kayak*. On entendra désormais par ce mot une petite embarcation légère faisant corps avec le rameur. Elle n'est alors plus fabriquée avec des peaux de phoques, mais de la toile imperméable tendue sur une armature en bois. « Kayak », par analogie de forme, va être accolé au mot *canoe* qui, lui, est dérivé d'une langue arawakienne des Bahamas, pour devenir un sport dont le Royal Canoe Club de Londres, créé en 1866, sera la première organisation à s'y intéresser.

« Kayak » n'entrera que dans l'édition actuelle du Dictionnaire de l'Académie française avec deux définitions : « Embarcation individuelle des Esquimaux ». Et une « légère embarcation, monoplace ou biplace, imitée du kayak des Esquimaux ; le sport qu'on pratique avec ce type d'embarcation ». La quintessence de son parcours linguistique.

KETCHUP

UNE SAUCE ASIATIQUE

Le mot « ketchup » vient du chinois *ke-tsiap* ou *kôe chiap*, « saumure de poisson », par l'intermédiaire du malais *kêchap* qui signifie « goût ».

C'est de ce pays d'Asie qu'au XVIIIe siècle, des marins anglais découvrirent cet ingrédient. Ils en rapportèrent des tonneaux entiers et, pour adoucir le goût de la sauce, on y ajouta divers légumes, comme du concombre ou de la tomate.

Le ketchup traversa l'Atlantique avec les émigrants anglais. En 1876, un certain Henry John Heinz, un homme d'affaires germano-américain, partit du *catsup* britannique pour faire une recette à sa sauce et eut l'idée de conditionner son ketchup dans de petites bouteilles, facilement exportables.

Le mot ne fera son entrée que dans l'édition actuelle du Dictionnaire de l'Académie comme « condiment préparé à partir de tomate et d'épices, au goût légèrement sucré. »

KIOSQUE

UN PAVILLON ORIENTAL

Avant d'arriver dans la langue française sous la forme de *chiosque*, en 1608, le mot « kiosque » est passé par l'italien *chiosco*. Mais il vient de beaucoup plus loin. C'est en Perse que l'on trouve son origine, *kušk*, qui désignait une galerie, un salon. Les Turcs empruntèrent le mot qui, dans le leur langue, devint *köşk*, et qualifia un pavillon en bois coiffé d'un dôme et entouré de jardin. Le Dictionnaire de l'Académie française le décrit d'ailleurs ainsi, lorsque le mot fait son entrée dans l'édition de 1762.

Au XIXe siècle, entre la mode de l'Orient qui inspire les musiciens comme les peintres ou les écrivains et le Paris du baron Haussmann qui se transforme, on voit apparaître le premier kiosque à journaux en 1857 sur les Grands Boulevards. Sa réalisation a été confiée à l'architecte Gabriel Davioud à qui l'on doit notamment le théâtre du Châtelet, la fontaine Saint-Michel et la mairie du XIXe arrondissement. Davioud a flanqué son kiosque d'un dôme et respecté les lignes orientales.

Les kiosques à journaux, à l'époque réservés aux veuves de militaires et de fonctionnaires pour qu'elles puissent avoir une rentrée d'argent, vont rapidement se multiplier.

Parallèlement, dans les jardins publics, des kiosques de musique, appelés ensuite kiosques à musique, fleurissent, toujours dans l'esprit architectural oriental. On y donne des concerts payants, puis souvent gratuits jusque dans la première moitié du XXe siècle. Ils seront ensuite laissés à l'abandon et serviront de terrains de jeux aux petits Parisiens, avant d'être progressivement réhabilités pour certains.

L

LOTO

UN IMPÔT ITALIEN

Avant d'être un jeu, le *lotto* fut d'abord un impôt extraordinaire institué en 1530, à Florence, pour renflouer les caisses de la ville. Afin d'être équitable, la perception de l'impôt s'effectue au moyen d'un jeu de hasard. Neuf ans plus tard, le roi François Ier reprend l'idée et autorise la loterie par l'édit de Châteaurenard, le 21 mai 1539, mais à condition qu'une partie des mises soient reversées à l'État. Les joueurs ne sont pas au rendez-vous, car le Trésor se montre beaucoup trop gourmand. Le principe semble pourtant intéressant et reste dans les mémoires, dont celle de Mazarin qui, en 1644, relance la loterie pour financer les institutions de piété et les églises. Il a beau proposer des lots d'objets précieux, le succès est encore mitigé.

Louis XV, lui, décide d'établir une loterie permanente pour bâtir une nouvelle école militaire et Louis XVI, appuyé par des buralistes et des colporteurs, fonde, le 30 juin 1776, la Loterie royale, l'ancêtre de notre actuel loto. Cette fois, c'est une réussite. En 1789, elle rapporte

11 millions de livres à l'État, mais les Républicains la suppriment en 1793 au nom de la morale.

Le mot « loto », lui, entre dans le Dictionnaire de l'Académie en 1798 et désigne une « espèce de jeu ressemblant à une loterie, et qui se joue avec 90 numéros et autant de boules. » Entre-temps, la loterie a été restaurée, puis elle est de nouveau supprimée en 1836 par Louis-Philippe qui n'autorise que celles de bienfaisance.

C'est dans ce dessein que naît la Loterie nationale, le 22 juillet 1933. Elle a, en effet, pour vocation première d'aider les « gueules cassées », les poilus victimes de mutilations faciales.

Enfin, le loto tel que nous le connaissons aujourd'hui, sera créé le 10 juillet 1975, par un décret du Premier ministre, Jacques Chirac, avec l'idée d'injecter de l'argent dans les finances publiques, notamment mises à mal par le choc pétrolier qui s'est produit deux ans auparavant. 1973 n'était pas un bon numéro.

M

MABOUL

C'EST FOU

Si aujourd'hui le mot « maboul » n'est plus guère utilisé par la génération Z, il a connu son heure de gloire à la fin du XIXe et au XXe siècle. Cet adjectif vient de l'arabe *mahbùl* qui se traduit par « fou », « sot, imbécile », et fut rapporté par les troupes coloniales durant la conquête de l'Algérie. Il n'entra dans le Dictionnaire de l'Académie que dans l'édition actuelle, qualifiant de façon populaire quelqu'un « qui a l'esprit dérangé, qui est un peu fou. »

Les frères Goncourt qui, souvent, avaient une plume acerbe, employaient déjà le mot dans leur *Journal* en 1888. Léon Daudet, sans concession, traita Viviani, le rédacteur en chef de *La Lanterne*, un hebdomadaire satirique, de maboul, dans *La Vie orageuse de Clemenceau*, en 1938.

Au fil des années, l'emploi de cet adjectif s'adoucit. On qualifia de maboul une personne qui était un peu « fofolle » et on lui donna même une connotation comique. Ainsi, quand le célèbre jeu de société

Operation, inventé par l'Américain John Spinello, en 1964, sortit en France quatorze ans plus tard, on choisit de le rebaptiser Docteur Maboul. Depuis quelques années, ce jeu fait même l'objet d'un championnat du monde. C'est fou !

MAGASIN

UN ENTREPÔT, TOUJOURS

Le mot « magasin », emprunté à l'arabe *mahàzin*, « entrepôt », est arrivé en France à la fin du Moyen Âge sous la forme de *maguesin*, via l'italien *magazzino*. Il s'écrit aussi bien avec un s qu'avec un z.

Dans le *Dictionnaire de la langue française du seizième siècle* d'Edmond Huguet, paru en 1932, le magasin est un « local recevant des objets mis au rebut, devenus inutiles. » Il raconte que le mot est employé, entre autres, par Ronsard, dans *Discours des miseres de ce temps* [*sic*], mais aussi par Montaigne, et que le juriste et écrivain breton Du Fail, dans les *Contes d'Eutrapel*, précise que « le magasin, où l'on tient en réserve les marchandises, ne se confond pas avec la boutique, où on les vend. »

Au XVIIe siècle, le mot commence à désigner un endroit où l'on pratique la vente en gros, se différenciant de la boutique dans laquelle sont proposés des produits au détail.

Il faut encore attendre deux siècles, avec la naissance des grands magasins, à partir des années 1850, pour qu'il trouve le sens que nous lui connaissons aujourd'hui. Ce changement sémantique fait l'écho d'une révolution commerciale. « Faire les magasins » devient une distraction des femmes de la bourgeoisie qui fréquentent Le Bon Marché, ouvert dès 1852, puis les Grands Magasins du Louvre qui voient le jour trois ans plus tard, suivis d'À la Belle Jardinière, en 1856, le Printemps Haussmann et la Samaritaine, en 1865, les Magasins Réunis, en 1866 et les Galeries Lafayette Haussmann, en 1896. Émile Zola qui s'est inspiré d'Aristide Boucicaut, le fondateur du Bon Marché, pour son roman *Au Bonheur des Dames*, écrit à propos des bourgeoises : « Elles vont là passer des heures comme elles allaient à l'église : une occupation, un endroit où elles se passionnent, où elles entrent en lutte avec leur passion de la toilette et de l'économie de leur mari ». Car les grands magasins, ce sont aussi la démocratisation de la mode et l'invention des soldes. La mode changeant désormais à chaque saison, il faut bien écouler la marchandise que les magasins ont dans leurs propres magasins, leurs entrepôts. Un sens que le mot a toujours conservé au fil des années.

MAMMOUTH

UN ÉLÉPHANT DE SIBÉRIE

Le premier squelette complet de mammouth laineux a été découvert par Ossip Shumachov, un chasseur evenk, l'un des peuples de Sibérie, en 1799. Il sera bientôt surnommé *Mammouth d'Adams*, car il fut retrouvé par le botaniste russe Mikhail Adams, en 1806. Mais auparavant, dans la même région, on avait déjà exhumé des restes de sorte d'éléphant à l'état de fossile que l'on avait baptisé *mamut*, « qui vit sous terre ». Un mot que les Russes avaient emprunté à une langue sibérienne. Il arrive en France sous la forme de *mammut*, au début du XVIIIe siècle, puis passe par l'anglais *mammuth* et entre dans la sixième édition du Dictionnaire de l'Académie française en 1835, à l'époque où les découvertes archéologiques suscitent un grand intérêt. Il est orthographié *mammouth* et défini comme : « Animal du genre de l'éléphant, dont l'espèce a disparu, et dont on retrouve les ossements en terre, surtout près des grandes rivières de Sibérie. » Émile Littré, dans le troisième tome de son *Dictionnaire de la Langue française*, en 1874, cite l'anatomiste Georges Cuvier qui, en 1796, fut le premier à affirmer qu'il s'agissait bien de restes d'éléphants disparus. Il explique que l'animal est « haut de quinze et dix-huit pieds, couvert d'une laine grossière et rousse, et de longs poils noirs et raides qui lui formaient une crinière le long du dos » et note que l'« on a dit aussi mammont. » Dans la huitième édition du Dictionnaire de l'Académie, en 1935, l'espèce disparue du quaternaire est qualifiée d'« éléphant gigantesque ».

Il n'en fallait pas moins pour que « gigantesque » devienne synonyme de mammouth. Cette analogie va même conduire une chaîne d'hypermarchés, soit de gigantesques supermarchés, à prendre le nom de Mammouth. Le premier ouvrira en octobre 1968, à Montceau-les-Mines, en Saône-et-Loire. Le premier slogan, utilisé au lancement de l'enseigne, sera « Mammouth écrase les prix », une phrase pragmatique lorsque l'on sait qu'un mammouth ne pesait pas moins de quatre tonnes.

En 1997, lors d'une réunion avec les syndicats, Claude Allègre, alors ministre de l'Éducation nationale, déclarera qu'il fallait « dégraisser le mammouth », soit réduire les effectifs de fonctionnaires de ce gigantesque ministère. Une réflexion qui provoquera un froid sibérien.

MANNEQUIN

UN PETIT HOMME

Le mot « mannequin » vient du néerlandais *mannekijn*, diminutif de *man*, « homme », et pouvant se traduire par « petit homme ». On le retrouve en français dès la seconde moitié du xve siècle pour désigner des petites figures de cire ou de bois. Comme l'explique le premier Dictionnaire de l'Académie française, le mot, outre de qualifier une « sorte de panier long & estroit dans lequel on apporte des fruits ou de la marée au marché [*sic*] », désigne aussi les statues articulées que les peintres et les sculpteurs utilisent comme modèle. Dans l'édition de 1878, les académiciens ajoutent à la précédente définition : « Des figures imitant le corps humain, sur lesquelles les chirurgiens s'exercent à l'application des bandages et à la manœuvre des accouchements. » Les mannequins sont également utilisés par les couturiers et, avec la naissance des grands magasins, au xixe siècle, ils prendront une taille humaine. On les exposera dans les vitrines pour présenter des vêtements.

De fil en aiguille, notamment avec les défilés de haute couture et les présentations de collections de prêt-à-porter, le mannequin est devenu vivant. C'est Marie Vernet, épouse du couturier Charles Frederick Worth, qui devient le premier mannequin professionnel et présente les modèles de son mari. La première agence de mannequins, elle, voit le jour en Grande-Bretagne, en 1928. Bien que la profession compte toujours une majorité de femmes, le mot, lui, n'existe toujours qu'au masculin.

MAZOUT

UN DÉCHET GRAISSEUX

Le mot « mazout » est relativement récent dans notre vocabulaire. Il est d'abord issu des langues turco-tartares et de l'arabe *makhzùlàt*, se traduisant par « déchet », puis de *mazut*, qui en russe signifie « graisser ».

Le mazout est, en réalité, tout cela, un résidu de pétrole, gras et extrêmement collant. Il entre dans le Petit Larousse en 1920 et dans le Dictionnaire de l'Académie française en 1935. Après la Seconde Guerre mondiale, on le préconise comme mode de chauffage, parce qu'il est économique. Ceux qui sont nés entre les années 1950 et 1970 se souviennent des bidons rectangulaires dans lesquels on stockait le mazout et que l'on entreposait à la cave ou au garage.

Entre marées noires et pollution, on finira par s'apercevoir combien le mazout a un mauvais impact sur l'environnement. Le mot qui fit partie du vocabulaire quotidien de plusieurs générations va se raréfier tandis qu'écologie deviendra un leitmotiv.

MERGUEZ

UNE SPÉCIALITÉ D'AFRIQUE DU NORD

Le mot qualifiant cette saucisse épicée était déjà employé en Espagne au XIIIe siècle par les Arabes, sous les formes de *mirkās* ou *markās*, puis de *merquíze*. Cependant, sa recette n'était pas exactement celle que nous connaissons aujourd'hui. Il fut importé dans le vocabulaire français via l'arabe maghrébin, *mergāz* et *merkāza*, au XIXe siècle, par le biais des colons, puis par les pieds noirs qui arrivèrent dans l'Hexagone après l'indépendance de l'Algérie où ils avaient l'habitude de consommer cette petite saucisse de mouton.

Si elle se déguste communément avec le couscous, étonnement, ce mot entra bien des siècles auparavant dans nos dictionnaires, mais ça, c'est une autre histoire.

MOCASSIN

UNE CHAUSSURE ALGONQUIENNE

Le mot « mocassin » est issu de l'algonquin *makisin* qui désignait une chaussure. Durant le XVIIe siècle, il passe par le français du Canada *mekezen* et par l'anglais des États-Unis avec différentes variantes, comme *mockasins* ou *mockasans*. Il arrive en Grande-Bretagne au XVIIIe siècle, puis en France au siècle suivant sous sa forme actuelle. Dans le troisième tome de son *Dictionnaire de la Langue française*, en 1874, Émile Littré donne cette définition : « Chaussures des sauvages de l'Amérique du Nord ; elle est faite de peaux de bêtes. » Et de citer Chateaubriand qui en parle dans *Atala, ou Les Amours de deux sauvages dans le désert*, publié en 1801, mais emploie le mot « mocassine ». Il écrit en effet : « Elle me broda des mocassines de peau de rat musqué ».

« Mocassin » fait son entrée dans le Dictionnaire de l'Académie française en 1878 comme : « Chaussure des sauvages de l'Amérique du Nord. » Dans l'édition suivante, en 1935, il devient : « Chaussure des Indiens de l'Amérique du Nord. »

Depuis leur origine, ces chaussures vont connaître une évolution de taille. Les Algonquins les fabriquaient à partir du cuir de cerf, souple et confortable. Elles prenaient une forme plus ou moins montante en fonction des saisons et étaient décorées, selon les tribus, avec des perles, des franges ou encore des piquants de porcs-épics. En 1876, George Henry Bass, un chausseur originaire du Maine, aux États-Unis, va s'intéresser aux mocassins et commencer à en fabriquer en cuir. C'est néanmoins soixante ans plus tard que la marque va prendre une tournure décisive en lançant les mocassins *Weejuns*, contraction de *Norwegian*, car il s'inspire d'un chausson norvégien. Il sera rapidement surnommé *penny loafer* en raison de la pièce de monnaie, le penny, que les étudiants, souvent, glissaient sous la languette avant de s'en servir pour téléphoner. Ce modèle rencontre un grand succès. En Europe, on le porte le week-end pour aller au golf ou à la chasse.

Le mocassin à glands arrive dans les années 1950 avec la marque américaine Alden. En 1953, Gucci crée le mocassin à mors, inspiré par le monde équestre, cher à Aldo Gucci, le fils du fondateur de la célèbre maison de couture. Il se distingue, sur le cou-de-pied, par deux anneaux reliés d'une tige horizontale. D'abord conçu pour une clientèle masculine, il se déclinera pour les femmes dès 1968 et, en 1985, le mocassin de Gucci entrera, en tant que pièce de collection, dans l'exposition permanente du Met, le *Metropolitan Museum of Art* de New York.

Parallèlement, en France, au cœur du Limousin, une région alors réputée pour le tannage et le travail du cuir, Édouard Blanchard installe en 1891 sa manufacture de chaussures pour hommes et femmes. Il est rejoint par son fils Eugène qui s'intéresse aux mocassins vendus aux États-Unis. Il part à Weston pour apprendre la technique du cousu Goodyear, qui permet de ressemeler durablement les chaussures. À son retour à Limoges, il introduit ce procédé qui mettra en exergue la qualité de ses chaussures. Lors d'une course hippique, il rencontre Jean Viard, un dandy parisien. Ils vont s'associer et déposer le nom de J.M. Weston. Ils ouvrent une première boutique boulevard de Courcelles, puis bientôt une seconde sur les Champs-Élysées. En 1946, la maison lance son fameux mocassin 180 qui deviendra une icône de l'élégance française.

Que ce soit aux États-Unis ou en France, à partir des années 1950, les mocassins vont se faire la part belle au milieu des derbies. On les verra porter par John Kennedy, mais aussi aux pieds des stars comme Paul Newman, Steve McQueen, James Dean, Grace Kelly, Audrey Hepburn, Jean-Paul Belmondo ou Lino Ventura.

Dans les années 1970, en se promenant dans Manhattan, Diego Della Valle repérera une *driving shoe,* destinée à conduire confortablement. Il créera la marque Tod's et les mocassins à picots, *il gommino*, devenus depuis iconiques.

N

NOUBA

VIVE LA MUSIQUE

Lorsque l'armée française arrive en Algérie, au XIXᵉ siècle, elle y découvre une drôle de coutume. Les tirailleurs jouent des morceaux de musique devant la maison des dignitaires, à tour de rôle, une locution qui se dit *nawba*. Rapidement, le mot s'est francisé en *nouba* et, par allégorie à la musique, il prend le sens de « fête ».

Dès la fin du siècle, c'est avec cette définition qu'il entre dans le vocabulaire familier et sera largement diffusé dans l'argot militaire des soldats de la Première Guerre mondiale qui, pourtant, n'étaient pas à la fête.

O

OPÉRA

UNE ŒUVRE ITALIENNE

Euridice, le premier opéra qui nous soit parvenu, a été donné à Florence, en Italie, au palais Pitti, le 6 octobre 1600, lors des fêtes organisées pour le mariage d'Henri IV et Marie de Médicis. La musique était composée par Jacopo Peri et le livret par Ottavio Rinuccini. Ce genre musical va rapidement se développer et trouver son public avec notamment Claudio Monteverdi, maître de musique du duc de Mantoue, dont le premier opéra, *Orfeo*, en 1607, sera inspiré des *Métamorphoses* d'Ovide et fera preuve de modernité. Des salles se construisent partout en Italie et principalement à Naples, sous l'impulsion d'Alessandro Scarlatti.

Au début de la seconde moitié du XVIIe siècle, le cardinal de Mazarin, originaire du royaume de Naples, introduit l'opéra en France, en même temps que le mot qui signifie « œuvre ». Il crée, entre autres, l'Académie royale de musique en 1669 et donne le goût de l'opéra à Louis XIV, dont il fut le principal ministre. Les années de règne de Louis XIV seront dominées par la musique du Florentin Jean-Baptiste Lully.

Le mot entre dans la première édition du Dictionnaire de l'Académie française, en 1694, avec cette définition : « Piece de theatre en musique, accompagnée de machines & de danses [*sic*]. » Il faut attendre la cinquième édition, en 1798, pour que soient citées de nouvelles variétés d'opéra à l'instar de l'opéra-comique ou l'opéra bouffon, puis 1835 pour que l'on parle de « la salle de l'opéra ».

À Paris, les opéras se jouent dès 1794, d'abord à la salle Montansier, rue de Richelieu, dans le deuxième arrondissement. Mais le 13 février 1820, le duc de Berry, héritier du trône, est poignardé en sortant d'une représentation. Louis XVIII fait alors raser le théâtre et installe dans le même arrondissement, salle Favart, l'Opéra-Comique qui avait été inauguré en présence de Marie-Antoinette, en 1783. L'opéra se joue ensuite – et ce devait être provisoire – salle Le Peletier, située dans la rue éponyme, dans le IXe arrondissement. Le 14 janvier 1858, c'est cette fois Napoléon III et l'impératrice Eugénie qui sont pris pour cible alors qu'ils arrivent à l'opéra. L'attentat, mené par des révolutionnaires italiens, est manqué. L'opéra restera finalement salle Le Peletier jusqu'à ce que, le 28 octobre 1873, un incendie le réduise en cendres. Entre-temps, en 1860, on a ouvert un concours pour construire un nouvel opéra dans le Paris haussmannien. Il est remporté à l'unanimité au second tour par un jeune architecte de 35 ans, grand prix de Rome, Charles Garnier. Interrompu par la guerre de 1870 et la Commune, le palais Garnier sera finalement inauguré le 5 janvier 1875 par le président Mac Mahon.

Quatre-vingts ans plus tard, dans un autre registre, le pâtissier de la Maison Dalloyau, Cyriaque Gavillon, créera l'opéra, un gâteau composé de trois couches d'un biscuit Joconde léger, de deux couches de crème au beurre au café et d'une de ganache chocolat, recouvert d'un glaçage chocolat. On raconte que c'est son épouse, Andrée, qui aurait choisi ce nom, pour rendre hommage aux danseuses de l'Opéra Garnier, clientes de la boutique et, selon une autre version, parce que la forme de la pâtisserie ressemblait à la scène de l'opéra.

Le 13 juillet 1989, à l'occasion du bicentenaire de la Révolution, la capitale se dotera d'un second opéra, construit à l'emplacement de l'ancienne gare Paris-Bastille, par l'architecte Carlos Ott. Le président François Mitterrand et Jack Lang, alors ministre de la Culture et de la Communication, accueilleront quelque trente-deux chefs d'État au concert de *La Nuit d'avant le jour*, mis en scène par Robert Wilson et dirigé par Georges Prêtre. Si le spectacle débute par *La Marseillaise*, il se poursuivra par de grands airs d'opéra français qu'interpréteront de célèbres artistes lyriques, parmi lesquels Placido Domingo et Ruggero Raimondi. Preuve que, même français, l'opéra gardera toujours un air italien.

P

PAGAILLE

ÇA RAME

Voici un mot que l'on doit à *peñgàyùh* qui, en malais des Moluques, une île d'Indonésie, signifie « rame à pirogue à double pelle ». Avec les explorateurs, il arrive dans le vocabulaire marin au XVIIe siècle où « en pagaille » voulait dire « jeter l'ancre n'importe comment ». En 1690, dans son *Dictionnaire universel*, Antoine Furetière parle d'« aviron dont se servent les sauvages », mais en aucun cas de « désordre ». Le Dictionnaire de l'Académie n'admet ce sens qu'en 1935, précisant que ce mot est très familier. Les académiciens notent que l'on peut aussi écrire « pagaïe » ou « pagaye », alors que « pagaye », justement, sort du Petit Larousse en 1998. Peut-être parce que « pagaille », « en pagaille », risqueraient de la créer.

PANTALON

UN VÊTEMENT DE BOUFFON

Pantalone était le nom d'un personnage de la *Commedia dell'arte*, un genre théâtral populaire qui reposait sur l'improvisation des acteurs. Ce bouffon prétentieux, avare et cupide, était vêtu d'un habit qui ressemblait à nos futurs pantalons.

Au XVIe siècle, l'esprit moqueur, on affubla les Vénitiens du sobriquet *Pantalone*, non seulement en raison du personnage de théâtre, mais aussi parce que ce prénom était très répandu dans la cité lacustre, en l'honneur de Saint *Pantaleone*, le patron de la ville.

En 1690, Antoine Furetière donne plusieurs définitions du « pantalon ». Il parle du bouffon, mais aussi « de l'habit que portent d'ordinaire ces bouffons » et encore « d'un caleçon qui est tout d'une pièce ». Ce sont aussi ces définitions que l'on retrouve dans la première édition du Dictionnaire de l'Académie française, en 1694.

Il faut attendre le XIXe siècle pour que les académiciens décrivent le pantalon comme une « espèce de culotte longue qui descend jusque sur le cou-de-pied ». Pourtant, depuis la Révolution, le pantalon désigne le vêtement que nous connaissons aujourd'hui. Il s'oppose à la culotte, serrée aux mollets, que, justement, les sans-culottes, les manifestants populaires ne portent pas.

Pendant des décennies, le pantalon reste un vêtement – à quelques exceptions près – exclusivement porté par les hommes. Il faut attendre la seconde moitié du XXe siècle pour que des femmes osent le revêtir. En 1967, un an après le smoking, le couturier Yves Saint Laurent propose le tailleur-pantalon dans sa collection printemps-été. Le pantalon pattes d'éléphant, bien que déjà porté dans les années 1960, devient un incontournable des années 1970. Il n'a alors plus rien à voir avec celui de *Pantalone*, même si, parfois, avec les chemises à fleurs, il donnera à ceux qui l'arborent un petit côté burlesque.

PARÉO

LE TISSU DES ÎLES

Un peu plus d'un siècle avant Paul Gauguin, au début du mois de mai 1768, l'explorateur français Louis Antoine de Bougainville arrive à Tahiti à bord de la frégate *La Boudeuse*. Il est accueilli à bras ouverts. Pendant son séjour idyllique sur cette île surnommée la « Nouvelle Cythère », il va découvrir le *pãreu*, un tissu traditionnel aux couleurs vives que les Vahinés nouent au-dessus de leur poitrine, et les hommes, au-dessus de leur taille.

Hélas, en raison de la météo, Bougainville et son équipage devront rapidement repartir, mais ils emporteront avec eux le mot « paréo » qui, bien que passé dans le langage courant, n'entrera dans le Dictionnaire de l'Académie française que dans l'édition actuelle.

POMME DE TERRE

LA PAPA PARMENTIER

Au XVIe siècle, les conquistadors espagnols débarquèrent en Amérique latine et découvrirent la *papa*. Ce tubercule né sur les plateaux de la cordillère des Andes, il y a plus de 8 000 ans, était cultivé par les Incas dès le XIIIe siècle. Pour le conserver, ils en confectionnaient du *chuño*, c'est-à-dire qu'ils le déshydrataient en lui faisant suivre un cycle d'expositions au soleil, au gel, puis de foulages. Les Incas consommaient la *papa*, entre autres, dans les soupes, mélangées à divers légumes, ou avec du fromage.

Les Espagnols la rapportèrent en Europe, mais le mot *papa*, venu de la langue des Indiens quechuas, posait problème. Il paraissait, en effet, impossible, dans un pays où la religion catholique était toute-puissante, d'appeler un légume comme… le pape, *el papa* ! On trouva alors un compromis en croisant son nom avec celui de la patate douce, *batata*. Et c'est ainsi que la *papa* devint *patata*.

En France, le souci était identique, d'autant plus que, depuis le XIIIe siècle, les enfants avaient pris l'habitude d'appeler leur père « papa », un terme dérivé du latin *pappus*, signifiant « aïeul ». Plutôt que de chercher un néologisme, on décida finalement de traduire son nom botanique et l'on passa de la *malum terræ*, en latin, à la « pomme de terre », en français. En 1835, l'Académie accepta le terme, mais il a fallu batailler ferme avant que le peuple consente à la consommer.

Dès son arrivée dans l'Hexagone, ce tubercule avait suscité de la méfiance. On ne l'utilisait que pour nourrir les animaux, car on le suspectait de transmettre la lèpre aux humains.

Des savants, comme le botaniste Henri Louis Duhamel du Monceau, membre de l'Académie royale des sciences, s'étaient pourtant intéressés à ce légume, mais leurs propos n'avaient pas su convaincre.

Pour mettre fin aux polémiques, en 1748, le Parlement avait tout simplement décidé d'interdire sa culture.

La famine qui sévit en France, durant les années 1769 et 1770, relança les travaux sur la pomme de terre. En 1771, l'Académie de Besançon instaura un prix récompensant le meilleur mémoire dont le sujet était : *Substances alimentaires qui pourraient atténuer les calamités d'une disette.* Un certain Antoine Parmentier, pharmacien des armées, se mit à la tâche. Durant la guerre de Sept Ans, contre la Prusse, il avait été fait prisonnier et ses repas s'étaient souvent résumés à une simple bouillie de pommes de terre. Il savait combien ce légume était roboratif et surtout il était la preuve vivante qu'il ne transmettait pas la lèpre. Fort de ses connaissances scientifiques et de son expérience personnelle, il rédigea son mémoire et remporta le prix de l'Académie. Les membres de la faculté de médecine de Paris commencèrent, eux aussi, à plancher sur le tubercule et en conclurent, après plusieurs semaines d'étude, qu'il n'était pas dangereux.

Le roi fit confiance à Parmentier et le laissa cultiver des pommes de terre sur un terrain proche de l'hôtel des Invalides, où il était apothicaire major.

Tout aurait pu bien se passer, mais la pomme de terre appartient à la même famille que la mandragore, une plante utilisée par les sorcières, et le terrain appartenait à des religieuses. Alors, elles ne voulurent pas de ce tubercule peu catholique chez elles et prièrent Monsieur Parmentier d'aller faire ses essais ailleurs !

Louis XVI lui donna un terrain situé aux Sablons, dans l'actuelle ville de Neuilly-sur-Seine, dans les Hauts-de-Seine. Le roi, rusé, le fit surveiller par des gardes pour que la population pense qu'il s'agissait de légumes précieux. Pendant la nuit, les gardes, à qui l'on avait recommandé d'être laxistes, firent mine de s'assoupir et des curieux vinrent voler des pommes de terre. Le stratagème fonctionna parfaitement et le peuple adopta progressivement le tubercule.

Sa forme inspira, à de nombreuses reprises, les peintres Jean-François Millet, qui était fils de paysan, et Vincent Van Gogh qui, faute d'argent, les utilisait comme modèle avant de les consommer.

Elle éveilla aussi l'esprit créatif des cuisiniers qui la déclinèrent, parfois fortuitement, sous plusieurs formes. La Belgique et la France se revendiquent encore la paternité de la frite. Selon les Belges, elle aurait été inventée à Namur, au milieu du XVIIe siècle. On raconte que la Meuse gela et les habitants, ne pouvant pêcher de petits poissons, qu'ils avaient l'habitude de faire frire, les remplacèrent par des bâtonnets de pommes de terre. En France, on dit que, au lendemain de la Révolution, des marchands ambulants, installés sur le plus vieux pont de la capitale, proposèrent de la friture et des tranches de pommes de terre rissolées, appelées « pommes frites pont-neuf ».

L'histoire de la pomme soufflée, elle, est plus limpide : le 24 août 1837, la reine Marie-Amélie, épouse du roi Louis-Philippe, inaugura la ligne de chemin de fer entre Paris et Saint-Germain-en-Laye, dans les Yvelines. Son train eut du retard et le cuisinier chargé du banquet se désespéra de voir ses fines tranches de pommes de terre refroidir. Il eut soudain l'idée de les plonger dans de l'huile bouillante et, à son grand étonnement, elles gonflèrent et se transformèrent en pommes soufflées.

Après avoir longtemps été essentiellement servie à la table des paysans et des ouvriers, aujourd'hui, la pomme de terre est devenue le légume-féculent préféré des Français. Nous en consommons, en moyenne, chaque année, près de 30 kilos par personne. Et même si nous l'appelons familièrement « patate », en ouvrant le dictionnaire, on s'aperçoit que ce mot qualifie une plante cultivée dans les pays chauds pour ses tubercules au goût sucré, appelés patates douces. Ce qui est donc différent du tubercule si ardemment défendu par Monsieur Parmentier.

À Neuilly-sur-Seine, la mémoire du pharmacien et de son champ de pommes de terre est toujours présente. Il a donné son nom à une rue, une place, un théâtre, et on lui a érigé une statue sur le parvis de l'Hôtel de Ville, le représentant en pleine corvée d'épluchure. Un hommage bien mérité à celui que l'on peut considérer comme le papa de la pomme de terre.

PULL-OVER

PAR-DESSUS LA TÊTE

Encore au XIXe siècle, on portait des chandails, un mot formé à partir de l'abréviation de « marchand d'ail », par allégorie au tricot de laine que revêtaient ces commerçants, notamment aux Halles de Paris où, comme le raconte Zola dans *Le Ventre de Paris*, il y avait un marché aux aromates. Au cours du siècle suivant, les anglicismes sont de plus en plus à la mode. Le « chandail » va progressivement tomber en désuétude pour être remplacé par le « pull-over », un mot anglais formé à partir du verbe *to pull*, « tirer », et la préposition *over*, « par-dessus ». Un terme finalement élémentaire dans le pays du Docteur Watson, puisqu'il n'y a pas d'autre façon de retirer son pull-over que par la tête.

PYJAMA

MADE IN INDIA

L'histoire commune entre la Grande-Bretagne et le sous-continent indien commence réellement au tout début du XVIIe siècle, lorsque, le 31 décembre 1600, la reine Élisabeth Ire d'Angleterre, par une charte royale, créé la Compagnie britannique des Indes orientales. La *East Indian Company* est gérée de Londres par un gouverneur et des directeurs qui sont d'influents hommes d'affaires. Ils envoient sur place des soldats et embauchent des employés. Après quelques revers de fortune, au fil des années, les Britanniques monopolisent le commerce des Indes. En 1857, dans le nord du pays, les cipayes, soldats indiens qui sont, entre autres, en désaccord avec la réorganisation de l'armée, se révoltent. Le Parlement britannique transfère le pouvoir politique de la Compagnie des Indes orientales, alors menacée, à la Couronne. La majeure partie du territoire indien est désormais administrée par le Royaume-Uni. C'est officiellement le début de la période coloniale, qui ne prendra fin que le 15 août 1947, date à laquelle l'Inde redeviendra indépendante.

Durant la période de la colonisation, les cultures indiennes et britanniques se mêlent. Outre le fameux curry, les Anglais découvrent le *pàe*, « pied, jambe » et le *jàmah*, « vêtement ». Ce mot, d'origine persane, importé en Inde par les musulmans, désigne un pantalon large et flottant, revêtu aussi bien par les hommes que par les femmes. Dans un pays où la mousson entraîne une chaleur moite, quasi insupportable pour des Britanniques habitués à des températures bien plus modérées, ce vêtement qui ne colle pas à la peau est une aubaine. Ils l'adoptent et le rapportent même en Europe où, pour garder une petite touche d'exotisme dans leur quotidien, ils le portent en vêtement d'intérieur. Dès le début du XXe siècle, le mot est utilisé par les écrivains britanniques comme Somerset Maugham, et on l'écrit toujours au pluriel, comme *trousers*, « pantalon », parce que l'on a deux jambes !

Celui que les frères Goncourt qualifient dans leur *Journal* de « costume pour dormir » fait son entrée dans le Petit Larousse en 1907. Dans les années 1920, après le très chic pyjama de plage dessiné par Coco Chanel, les auteurs français s'en emparent. Jean Giraudoux dans *Suzanne et le Pacifique* raconte : « Nous avions des pyjamas, que nous mettions à minuit, nous nous réveillions avant l'aurore pour les remplacer par nos chemises », puis, plus tard, Paul Valéry, dans une lettre à sa maîtresse, Jean Voilier, se décrit « en pyjama de soie grise et dans la mollesse la plus relâchée. »

Les hommes aisés des villes quittent définitivement leur chemise de nuit pour dormir dans des pyjamas de soie ou de coton exotique.

Beaucoup moins romantique, il sera aussi porté par les bagnards et les prisonniers, non plus pour son élégance – on l'imprime d'imposantes rayures disgracieuses –, mais pour sa praticité.

Aujourd'hui, le pyjama est l'une des tenues de nuit préférées des hommes, des femmes et des enfants, et il n'est pas rare qu'il soit réalisé dans du coton... *made in India* !

R

ROBOT

UN TRAVAILLEUR VENU DE L'EST

L'idée de réaliser un objet qui aurait un aspect humain et serait capable d'agir comme un homme a germé dès l'Antiquité grecque.

Dans la mythologie, Pygmalion, sculpteur à Chypre, écœuré par la conduite des Propétides, les femmes de l'île qui se livraient sans vergogne à la prostitution et à la sorcellerie, choisit de rester célibataire. Cependant, il n'entendait pas que cette décision lui interdise le droit d'aimer. Un jour, il fit une statue en ivoire, Galatée, et demanda à Aphrodite de lui donner vie. La déesse de l'amour accéda à sa requête et Pygmalion tomba amoureux de Galatée, puis se maria avec elle. Entièrement conditionnée par un homme, son Pygmalion, elle peut être considérée comme, ce que l'on appellera bien plus tard, un robot.

Le concept est là, mais il n'est pas encore matérialisé. Les Grecs comme les Romains inventent des outils, mais ils sont soumis à la main de l'homme. Au Moyen Âge, on ne fait pas mieux. Il faut attendre la Renaissance pour que Léonard de Vinci conçoive son chevalier mécanique en armure qui était capable de s'asseoir, bouger le bras, ouvrir la bouche et même émettre des sons. On pourrait le qualifier d'automate humanoïde, mais le mot « automate » n'existe pas encore.

Ce n'est que quelques années plus tard, en 1534, que François Rabelais l'invente à partir du latin *automatus*, « qui se meut soi-même ». Il raconte, en effet, dans *Gargantua* que, les jours de pluie, son héros s'adonne à toutes sortes d'activités, dont celle de bâtir « plusieurs petits engins automates, c'est-à-dire se mouvant eux-mêmes. »

Au XVIIIe siècle, les automates sont à la mode. L'inventeur et mécanicien Jacques de Vaucanson fabrique, en 1739, un canard en cuivre doré capable de bouger les ailes, cancaner, barboter, manger des graines, boire et digérer comme un vrai palmipède.

L'inventeur et écrivain hongrois, Wolfgang von Kempelen, semble aller encore plus loin avec son Turc mécanique, un automate joueur d'échecs, à taille humaine, qu'il habille d'un costume et d'un turban comme ceux que portent les Turcs. Il le présente en 1770, à la cour de Marie-Thérèse d'Autriche, au palais de Schönbrunn, à Vienne, et prétend que son automate est capable de jouer aux échecs. Il s'agit en réalité d'une supercherie qui sera révélée au début du siècle suivant. Grand admirateur de l'illusionniste François Pelletier, Von Kempelen avait eu l'idée d'asseoir son Turc derrière un meuble doté d'un compartiment secret, où se cachait un vrai joueur qui faisait office de marionnettiste.

Si le mythe de Pygmalion et Galatée a inspiré les peintres néoclassiques, tels que Girodet, l'écrivain symboliste Villiers de L'Isle-Adam imagine, en 1886, *L'Ève future*. Ce roman, que l'on peut considérer comme l'une des œuvres fondatrices de la science-fiction, raconte l'histoire d'une créature artificielle, créée par l'ingénieur Thomas Edison, inventeur, entre autres, du phonographe, pour satisfaire le cœur d'un jeune homme. Cette « andréide », mot formé à partir du grec ancien *andros*, « homme », et *eîdos*, « aspect extérieur », ressemble à une vraie femme, et l'auteur lui prête même de meilleures facultés intellectuelles.

Le robot est tout proche. Le terme arrive avec les Années folles, en 1920, dans *R.U.R.* (*Rossum's Universal Robots*), la pièce de l'auteur tchèque Karel Capek. En tchèque, *robota* signifie « travail pénible » ou « corvée », et c'est justement à un labeur fastidieux que vont s'adonner les robots de la pièce de Capek ; mais, dotés d'intelligence artificielle, ils vont finir par se révolter contre leur créateur. Ce thème deviendra par ailleurs l'un des préférés de la science-fiction depuis les années 1980.

Le mot est posé et, en matière de robotique, la science ne cesse de progresser.

Dans les années 1940, le neurophysiologiste W. Grey Walter qui travaille à l'Institut de neurologie Burden, à Bristol, en Grande-Bretagne, conçoit les premiers animaux robotiques. Il s'agit de deux tortues nommées Elsie et Elmer, acronyme de *ELectro MEchanical Robots, Light Sensitive*, qui sont équipées de capteurs de lumière et de contact leur permettant de se déplacer en évitant la lumière vive et les obstacles.

Les années suivantes, la robotique se développe encore davantage grâce aux progrès de l'informatique et de l'intelligence artificielle.

En 1961, Ultimate, le premier robot industriel, est installé dans une usine de General Motors, un constructeur automobile américain. Son utilisation dans les chaînes de montage va se généraliser.

Wabot, le premier robot humanoïde, à marche bipède, lui, voit le jour en 1973, dans le laboratoire du professeur Takanishi, à l'université de Waseda, au Japon. Il est capable, notamment, d'attraper des objets en mouvement, d'évaluer les distances et de parler.

Désormais, les robots sont partout : chez les industriels, mais aussi dans les salles d'opération, dans nos intérieurs, nos jardins, et ils commencent même à faire leur entrée dans les maisons de retraite. Mais, pour l'heure, aucun ne nous a encore dit si Pygmalion aurait pu être une femme…

S

SAFARI

UN VOYAGE PARFOIS PEU LOUABLE

Le mot « safari » vient du swahili, une langue parlée dans de nombreux pays d'Afrique, et signifie « bon voyage ». Il a été emprunté à l'arabe *safar*, « voyage ». Durant toute l'époque coloniale, le safari fut très en vogue en Afrique et en Asie. Comme le racontait souvent dans ses romans l'écrivain britannique Somerset Maugham, chasser les animaux sauvages était une distraction et les rapporter morts, considéré comme un trophée.

Les safaris contribuèrent largement à fragiliser la pérennité de certaines espèces animales, voire participèrent à leur extermination. Devant cette prise de conscience, la définition du mot fut plusieurs fois remaniée dans les dictionnaires. Celui de l'Académie française où il ne fit son entrée que dans l'édition actuelle cite le safari-photo comme « un voyage organisé pour photographier ou filmer des animaux sauvages dans leur habitat naturel. » Une villégiature plus respectable, mais il n'élude pas qu'un safari c'est aussi encore, et il le stipule d'ailleurs, une « Expédition organisée principalement en Afrique noire pour chasser des animaux sauvages. »

SHAMPOOING

UN MASSAGE INDIEN

Le mot « shampooing » a été emprunté par les colons britanniques à l'hindi *chāmpnā*, « appuyé ». Ils ont anglicisé ce nom en verbe *to shampoo*, qui signifie « masser, presser », au XIXe siècle. Si se faire shampooiner est à la mode dans la bonne société d'outre-Manche, en France, on reste frileux à l'idée que l'on nous savonne la tête. Certains manuels d'hygiène affirment que cela peut provoquer des migraines, alors on joue la carte de la prudence en brossant simplement sa chevelure pour éliminer la poussière, puis en appliquant des baumes ou des décoctions de plantes afin de se débarrasser de l'excès de sébum.

Le shampooing n'est longtemps fabriqué que par les coiffeurs, avec du savon noir bouilli dans de l'eau additionnée de cristaux de soude. Il ne commencera à se démocratiser qu'à partir de 1934, quand le chimiste et fondateur de L'Oréal, Eugène Schueller, mettra sur le marché le shampooing Dop, sans savon et à usage populaire.

Cependant, lorsqu'en 1951, le magazine *Elle*, alors dirigé par Françoise Giroud, publie l'enquête qui fait scandale « La Française est-elle propre ? », il en ressort notamment que, sur 100 Françaises de 18 à 50 ans, 11 % se lavent les cheveux toutes les semaines, 15 % tous les 15 jours, 39 % tous les mois et 25 % moins souvent. À leur décharge, il faut dire que seules 51 % ont l'eau courante chaude et froide, tandis que 22 % ont l'eau courante froide et 14 % n'ont pas d'eau courante dans leur logement.

L'année suivante, le Dop sera proposé en petits berlingots en plastique dessinés par le plasticien Victor Vasarely. Ces petits modèles renfermant du shampooing bleu, rouge, vert, jaune ou violet, vendus dans de grands pots en verre et vantés dans une réclame par le jeune Rodolphe disant « moi, je veux un berlingot », vont connaître un immense succès. Le shampooing finira par faire son entrée dans le Dictionnaire de l'Académie… dans l'édition actuelle.

SIROP

LA PANACÉE

Le mot « sirop » vient de l'arabe *chahâb*, « boisson ». Il fut rapporté du Moyen-Orient par les croisés, où il désignait aussi bien une potion médicale qu'une boisson rafraîchissante. Il passa par le latin médiéval *sirupus* avant de donner le terme que nous connaissons actuellement.

Si dans l'Antiquité on buvait déjà des sirops à base de fruits et de plantes pour se désaltérer, ils ont longtemps eu pour vocation principale de soigner.

Dans son premier dictionnaire, l'Académie française en donne cette définition : « Liqueur composée du suc, des fruits, des herbes, ou des fleurs, avec du sucre, ou du miel » et elle ne changera pas jusqu'en 1878, où le Dictionnaire donne en exemple « le sirop antiscorbutique ». Il faut dire que, durant tout le XIXe siècle, les sirops sont à la mode et leurs fabricants, souvent des pharmaciens, n'hésitent pas à payer des encarts publicitaires dans les journaux pour en faire la promotion.

En 1858, on peut voir dans la presse des réclames du sirop de Berthé à la codéine, censé soigner la grippe, la bronchite et les douleurs nerveuses. Dans *Le Figaro* du 29 octobre 1863, par exemple, une réclame de Rob Boyveau-Laffecteur met en avant son sirop ROB, un sirop végétal concentré qui est « seul fourni à la Marine et autorisé en France, en Belgique et en Russie ». « Très agréable au goût et facile à prendre en secret », il serait capable de guérir les maladies contagieuses et « remplace avec succès, l'huile de foie de morue, le sirop antiscorbutique, ainsi que l'iodure de potassium [*sic*] ». Dans le même quotidien, le 3 janvier 1879, c'est le sirop de Raifort Iodé, de Grimault & Cie, qui affiche ses médailles reçues à Vienne, Philadelphie et Paris. Ce remède contenant du cresson traiterait, entre autres, la phtisie [*sic*], les maladies des enfants, le lymphatisme, le rachitisme, les éruptions de la peau, les gourmes et même les tumeurs. Outre-Atlantique, les sirops ne sont pas en reste et parmi tous, au tournant du XXe siècle, le *One Night Cough Syrup* connaît un grand succès. Ses promesses : apaiser la toux durant la nuit. Et lorsque, sur son étiquette, on peut lire qu'il contenait de l'alcool, du cannabis, du chloroforme et de la morphine, on ne doute pas une seconde que, en effet, les patients devaient dormir profondément sans être importunés par leur toux.

Aujourd'hui, le mot « sirop » est la quintessence de son histoire. Le Dictionnaire Larousse le qualifie de « boisson concentrée à base de sucre et d'eau, aromatisée avec des extraits d'essences végétales », mais aussi de « préparation médicamenteuse ». Une vraie panacée.

SMOKING

UN VÊTEMENT DE FUMEUR

Les Britanniques sont réputés pour leur flegme, mais également pour leur civisme. Et dans la haute société du XIXe siècle, on ne plaisantait pas avec les convenances. Entre autres coutumes, il était tout à fait *shocking*, pour des messieurs, de fumer en compagnie des femmes. Aussi, ils prirent l'habitude de fausser compagnie aux ladies à la fin des repas pour aller fumer cigares et cigarettes. Afin que l'odeur de la fumée ne s'imprègne pas sur leurs vêtements, ils enfilaient une veste spéciale, la *smoking jacket*.

Le smoking, du verbe, *to smoke*, « fumer », en anglais, se répand sur la Côte d'Azur où beaucoup de Britanniques viennent en villégiature, vers 1890. Ce veston au revers satiné va progressivement remplacer l'habit, une veste à la coupe ajustée au niveau du buste et des épaules. Il se complétera d'un pantalon rehaussé par un gallon satiné sur la couture extérieure. On portera désormais le smoking pour les cérémonies, que l'on soit fumeur ou non-fumeur.

SOFA

L'ORIENTAL

Dans la bande dessinée *Iznogoud*, créée par René Goscinny et Jean Tabary, c'est d'un sofa que le calife Haroun El Poussah écoute patiemment les doléances de son vizir colérique, rongé par l'idée de devenir « calife à la place du calife ». À l'époque où se situe l'action, le mot turc *soffa*, emprunté à l'arabe *suffa*, signifiant « coussins de selle », désigne une estrade recouverte de tapis et de coussins d'où le calife ou le grand vizir reçoit ses hôtes.

Au XVIe siècle, lorsque le mot arrive en France, l'historien d'origine byzantine, Theodore Spandounes, dans

La Généalogie du grand Turc, parle de sièges que les Turcs appellent *soffa*. C'est cette notion de siège que l'on va conserver, mais au siècle suivant, le *sopha* devient « un lit de repos à trois dossiers », puis un lit de repos à la manière des Turcs, avant de qualifier une méridienne. Le mot autant que le meuble vont être pour longtemps à la mode et très présents dans la peinture comme dans la littérature.

En 1800, le peintre Jacques-Louis David représente madame Récamier sur un sofa, que l'on imagine, pensive, rêvant à François-René de Chateaubriand de qui elle fut la muse et l'amoureuse. Les sofas à l'orientale ou à l'européenne sont aussi très courants sur les toiles de Jean-Auguste-Dominique Ingres. On peut en voir sur le tableau *Sabine Rivière, née Marie-Françoise-Jacquette-Bibiane Blot de Beauregard*, peint en 1805, *Portrait de Madame de Senonnes et La Grande Odalisque*, en 1814 ou encore *La Vénus d'Urbino*, en 1822. Plus tard, vers 1871, Claude Monet y peint plusieurs fois sa femme dans *Méditation. Madame Monet au canapé*, en 1874, dans *Madame Monet sur un canapé bleu* et *Madame Monet sur le sofa*.

« Sofa », « canapé », les mots se mêlent, mais n'ont pourtant pas la même origine. Le second vient du grec via le latin *conopeum* et du vieux français *conopé* désignant d'abord une moustiquaire, puis un rideau de lit avant de qualifier une sorte de lit entouré d'une moustiquaire. Le canapé, c'est ensuite un large siège à dossier, où l'on peut s'asseoir à plusieurs, comme ces bancs en bois à dossier, recouverts de coussins, que l'on trouvait dans les châteaux médiévaux.

Le confort est spartiate, l'ergonomie totalement éludée. Il faut attendre le règne de Louis XV pour que les artisans qui fabriquent sofas et canapés les rendent un peu plus douillets. À partir de la Restauration, ces meubles entrent dans les appartements bourgeois de la capitale et des grandes villes de province. Et ce sera certainement, au début du XXe siècle, chez l'écrivain Pierre Loti, dans sa maison de Rochefort-sur-Mer, en Charente-Maritime, que sofa et canapé, avec leur style oriental, cohabiteront le mieux. Si, dans le début des années 1900, le sofa est encore très chic, il va progressivement laisser place au canapé. Un mot qui, en anglais, se dit *couch* et qui a peut-être inspiré l'expression familière « promotion canapé », signifiant que l'on a obtenu un avantage professionnel en échange de relations sexuelles. Il y a cependant une injustice de genre. « Promotion » est féminin, tandis que « canapé » est masculin, comme si ce concept était unilatéral.

SOLDAT

UN VAILLANT GUERRIER

« Soldat » vient de l'italien *soldato*. Ce mot est dérivé du verbe *soldare*, « payer une solde », issu lui-même du nom *soldo*, « solde », et a la même origine que le mot « sou ».

Au XVIIe siècle, dans la langue française, « soldat » remplace *soudard*, devenu péjoratif puisqu'il qualifie un homme de guerre grossier et brutal. Le Dictionnaire de l'Académie de 1694 signale déjà que « soudard » est un mot vieilli et explique dans les éditions suivantes que l'on ne l'utilise plus que dans les conversations familières en parlant d'un homme qui a longtemps fait la guerre. Et pour appuyer ses propos, il cite la locution « vieux soudard ». A contrario, « soldat » bénéficie d'une définition laudative, puisqu'il s'agit d'un « homme de guerre, qui est à la solde d'un Prince. » Les académiciens, toujours dans la première édition de leur Dictionnaire, précisent même que l'on dit « qu'un homme est soldat, pour dire qu'il est brave, vaillant, déterminé. » Enfin, ils ajoutent que l'on peut même employer le mot comme adjectif et donnent l'exemple de la phrase : « Il a l'air soldat » pour qualifier quelqu'un de brave.

Le vocabulaire militaire étant souvent imagé, le mot « soldat » sera parfois remplacé par d'autres termes. Ainsi, sous le Premier Empire, les soldats de la garde napoléonienne seront appelés les « grognards ». L'adjectif fut transformé en nom par Napoléon Ier en personne quand, notamment en Pologne, en 1807, les soldats vivaient dans de mauvaises conditions, avaient une solde irrégulière et lui exprimaient sans cesse, tout naturellement, leur mécontentement.

Durant la Seconde Guerre mondiale, on donnera le surnom de « Poilus » aux soldats qui étaient dans les tranchées, un mot qui, autrefois, signifiait « courageux et viril ».

SORBET

UNE BOISSON GLACÉE

Le mot sorbet vient de l'arabe *sarba*, « boisson », et il est dérivé du verbe *sariba*, « boire ». Cette « boisson des Turcs », comme on la surnommait au XVIe siècle, est passée par l'italien *sorbetto*, avant d'arriver dans le vocabulaire français.

À Paris, c'est un Sicilien venu de Palerme, Francesco Procopio dei Coltelli, qui permet aux habitants de la capitale de goûter aux sorbets. Il ouvre un établissement, le *Procope*, en 1686, 13, rue de l'Ancienne-Comédie, sur la rive gauche, proposant glaces et sorbets composés de musc, citron, ambre, sucre, fruits confits et fruits de saison. L'endroit devient rapidement à la mode. Le Tout-Paris s'y presse et l'on raconte même que, au siècle des Lumières, Diderot et d'Alembert y discuteront des prémices de l'*Encyclopédie*.

Dès 1694, le Dictionnaire de l'Académie française a réservé une entrée au mot « sorbet » et précise qu'il peut se prononcer [sorbec]. Il explique que c'est une « sorte de composition, faite de citron, de sucre, d'ambre &c [*sic*] » ou alors « le breuvage que l'on fait de cette composition batüe avec de l'eau [*sic*]. » Il raconte que les Turcs boivent du sorbet, du sorbet glacé. À Versailles, les sorbets régalent aussi la cour et particulièrement le roi Louis XIV qui fond pour ce mets oriental.

La définition du sorbet est inchangée jusqu'en 1935. Le Dictionnaire le qualifie désormais de : « Breuvage glacé en neige, parfumé aux liqueurs ou au jus de fruits. » L'une des définitions de l'édition actuelle reste encore proche de celle d'origine, puisqu'elle parle d'un « breuvage fait d'un mélange de jus de citron et de sucre, parfois parfumé avec des aromates, des épices, et battu avec de l'eau (anciennement). » Quant au *Procope*, il est considéré aujourd'hui comme le plus ancien Café-Glacier de la capitale et l'on y sert toujours le fameux tiramisù façon Procopio qui a régalé tant de célébrités du monde littéraire et du spectacle.

SUCRE

UNE DOUCEUR INDIENNE

On a retrouvé les premières traces de culture sucrière en Asie du Sud-Est. La fabrication du sucre par extraction de la canne aurait commencé dans le nord-est de l'Inde 5 000 ans avant notre ère. Cela expliquerait que le mot « sucre » vienne du sanscrit *çarkarâ*, « grain ». Il est ensuite passé par le grec *sakkharon*, par le latin *saccharum*, par l'arabe *sukkar* et par l'italien *zucchero* avant d'arriver en français d'abord sous « çucre ».

Au XIIIe siècle, le sucre est débarqué du Proche-Orient au port de Venise qui contrôle les importations vers l'Europe. C'est d'ailleurs dans cette ville qu'apparaîtront les premiers pains de sucre, des blocs de sucre cristallisé aussi appelés « cônes de Venise ».

Le sucre reste un produit rare et cher réservé aux classes aisées et aux apothicaires qui l'utilisent pour faire des sirops censés notamment soigner les coups de froid. Les gens du peuple, eux, se servent de miel pour adoucir les boissons et les aliments.

Du XVIe au XVIIIe siècle, le sucre fait partie des denrées échangées dans le commerce triangulaire. Les Européens expédient de l'alcool, des armes et des vêtements vers l'Afrique contre des esclaves qui sont envoyés dans les plantations des Amériques. Ils y cultivent la canne à sucre, puis le sucre est expédié sur le Vieux Continent.

Dès le XVIIe siècle, l'agronome français Olivier de Serres avait constaté que la « bette-rave » donnait en cuisant un jus qui est semblable à du sirop de sucre. Il aura fallu néanmoins attendre 1747 pour que le chimiste berlinois Andreas Sigismund Marggraf démontre que le sucre de canne et le sucre de betterave sont identiques. Le chimiste prussien Franz Karl Achard, lui, développe un concept pour la fabrication du sucre de betterave et produit, en 1798, le premier pain de sucre de betterave.

En 1771, dans son septième tome du *Dictionnaire universel françois et latin*, le Dictionnaire de Trévoux ne parle que du sucre de canne. Il explique que le sucre est « doux & agréable » et qu'il provient de cannes « qui croissent aux Indes orientales & occidentales [...]. Elles sont noueuses, hautes de cinq à six pieds, ou davantage, garnies de feuilles vertes, longues, étroites, tranchantes ». Il détaille son procédé d'extraction et de traitement avant de parler des Anciens, à l'instar de Pline (l'Ancien), qui connaissaient déjà le sucre. Il raconte que les Perses, les Arabes et les Turcs appelaient le sucre *tabaxir*, mais que peut-être le sucre des Anciens ne serait pas identique à celui que l'on connaît au XVIIIe siècle. Et d'écrire : « Nos marchands n'apportent rien de semblable des Indes, & n'en parlent pas même [*sic*]. »

Dans le Dictionnaire de l'Académie où le mot entre dès la première édition, il n'est fait mention du sucre de betterave qu'en 1835, après que, au Premier Empire, vingt-cinq ans auparavant, le blocus continental a suspendu le commerce colonial maritime. La canne à sucre ne pouvant plus être importée, Jean-Antoine Chaptal qui travaillait à la commission de l'Institut de France, chargée de reprendre les travaux d'Achard, informa l'empereur de l'intérêt de la culture betteravière. Elle permettait, en effet, à la France de subvenir à ses besoins en sucre. Napoléon incita alors les agriculteurs à cultiver de la betterave, d'autant que Jean-Baptiste Quéruel, employé chez le naturaliste Benjamin Delessert, venait d'inventer la méthode de fabrication industrielle du sucre cristallisé qui allait donner naissance à l'agro-industrie sucrière.

À la fin du Premier Empire, le sucre de canne est de nouveau importé en France au profit passager du sucre de betterave qui connaîtra un nouvel essor lors de la Première Guerre mondiale.

T

TATOUAGE

UN MARQUAGE PAS TOUJOURS LOUABLE

Le tatouage semble être vieux comme le monde. En effet, Ötzi, l'« Homme des glaces », âgé de plus de 5 300 ans et retrouvé momifié en 1991, à la frontière autrichienne, en portait une soixantaine.

Le mot, lui, vient du polynésien *tatau*, *ta* signifiant « dessin » et *atua*, « esprit ». Ce dessin de l'esprit donc était réalisé sur la peau dès la puberté, afin d'exprimer notamment la personnalité de la personne, sa maturité sexuelle et son rang dans la société. À leur arrivée en Polynésie, les missionnaires interdirent le tatouage qu'ils considéraient comme une pratique barbare.

En Europe, depuis 787, il était interdit par l'Église qui jugeait ce symbole païen. Elle se référait notamment à l'Ancien Testament (Lévitique 19:28) où il est écrit : « Vous ne ferez point d'incisions dans votre chair pour un mort, et vous n'imprimerez point de figures sur vous. Je suis l'Éternel. »

Il réapparaît au XVIIIe siècle, lorsque des marins européens reviennent de Polynésie où ils se sont fait tatouer.

C'est d'ailleurs en 1798 que le mot entre dans la cinquième édition du Dictionnaire de l'Académie comme « action de tatouer ». Il est attesté quelques années auparavant en français dans une traduction du *Journal d'un voyage autour du monde* de James Cook dans lequel, en anglais, on parlait de *tattoo*. « Tatouer » se substitue à « piquer » que l'on employait dans ce sens jusqu'alors.

Le tatouage reste cependant encore mal vu dans certaines régions du globe. Au Japon, par exemple, durant l'époque d'Edo (1600-1868), l'*irezumi*, le tatouage japonais, est une punition que l'on inflige sur le bras ou le front des criminels.

Au XIXe siècle, l'*irezumi* va devenir à la mode. Les corps se couvrent de dessins indigo, mais l'empereur Meiji l'interdit en 1872, de crainte qu'il soit mal perçu aux yeux des Occidentaux. En signe de protestation et de défiance, les yakuzas, les mafieux japonais, en font l'un de leurs attributs de reconnaissance. La loi anti-tatouage sera abrogée en 1948, mais encore aujourd'hui, le tatouage est assimilé au banditisme et il n'est pas rare qu'une personne tatouée voie son accès refusé dans les piscines et les bains publics.

En Europe et aux États-Unis, jusqu'au début du XXe siècle, le tatouage marquera essentiellement l'appartenance à un groupe, à l'instar des marins – Popeye a une ancre marine sur les bras – ou des *bikers*. Il est aussi utilisé de façon cruelle, durant la Seconde Guerre mondiale, dans les camps de concentration, pour identifier les prisonniers.

Ces numéros tatoués sur l'avant-bras de ceux qui n'ont pas été sélectionnés pour être gazés restent dans la mémoire collective. Personne, au sortir du conflit mondial, n'assimile le tatouage à une œuvre d'art. Cette notion de corps comme support artistique n'arrive que des années plus tard. Le tatouage devient à la mode au commencement des années 2000 et le restera pendant un peu plus d'une décennie.

La tendance actuelle est plutôt au « détatouage », un mot qui ne saurait tarder à intégrer nos dictionnaires, car, après que le tatouage eut été un signe distinctif, il s'était tellement banalisé que l'on s'en est lassé. Et ne plus en avoir est peut-être devenu une façon de se faire remarquer.

TICKET

UN ALLER-RETOUR

Ticket de train, de caisse, de rationnement, modérateur... Le nom qui suit le mot « ticket » montre combien son usage est récent dans notre langue. Il est pourtant issu de l'ancien français *estiquet*, *estiquette*, petit écriteau que, renseigne le Dictionnaire de l'Académie française de 1694, l'on mettait « à des sacs d'argent, à des liasses de papiers, à des layettes, à des paquets de hardes &c. pour marquer ce qu'il y a dedans [*sic*]. »

Le mot est emprunté par les Américains et les Anglais qui le transforment en *ticket*, « billet qui donne le droit à une entrée ».

Il revient en France d'abord sous la forme de *tiket*, puis, au début du XIXe siècle, il est employé dans la presse, avec son orthographe actuelle, mais pour parler principalement des faits qui se sont déroulés en Grande-Bretagne ou aux États-Unis. *Le Journal des Débats* du 27 juillet 1835 écrit : « leur ticket pour voyager en chemin de fer » à propos de l'Angleterre où la première ligne a été mise en service dix ans plus tôt. On retrouve le mot dans *Le Figaro* du 2 mars 1856 qui publie en feuilleton *Rachel et le Nouveau-Monde* de Léon Beauvallet. Parlant d'une pharmacie de Boston, l'auteur écrit : « *Un gentleman* entre et demande au pharmacien surpris deux *tickets* pour la prochaine représentation de la compagnie française. Le pharmacien répond qu'il ne tient pas ce genre de médicament [*sic*] ». Le même quotidien du 25 mars 1867 fait écho d'un différend entre deux possesseurs d'un ticket de loterie, relaté dans un journal de Californie. Le 26 avril, au sujet de l'Exposition universelle qui se déroule dans la capitale et où il y a des étrangers « particulièrement de l'Angleterre », le journal explique : « une dame [...] qu'on devinait être une Anglaise [...] Tandis qu'elle regardait attentivement son *ticket* de voiture, un monsieur bien mis s'approcha, et, le chapeau à la main, entreprit avec elle une longue conversation dans la langue de la perfide Albion ».

Si, pour les Américains le mot « ticket » définit aussi une liste électorale d'un parti, en France, on commence à l'employer dans le vocabulaire courant pendant la Première Guerre mondiale pour parler de « tickets de rationnement » plutôt que de « coupons de rationnement ».

Le *Larousse classique illustré* de 1919 n'en dit rien. On n'a plus envie de s'étendre sur ce conflit mondial qui a trop duré. Il se contente de dire que c'est un mot anglais et donne comme définition : « Billet de chemin de fer, d'entrée, etc. ».

Le « ticket modérateur » est mentionné dans les débats parlementaires qui aboutiront à la loi de 1928 sur les assurances sociales.

Les « tickets de rationnement », eux, refont leur apparition durant la Seconde Guerre mondiale avec, par exemple, sous le mot « pain » : « Chaque ticket porte le numéro de la quinzaine et le nombre de grammes. Les tickets ne sont valables que pour la quinzaine indiquée. »

Certainement par allégorie au droit d'entrée, la locution « avoir un ticket pour quelqu'un » arrivera dans le vocabulaire au cours des années 1950. L'Académie, elle, n'aura guère de ticket pour ce mot qui ne figure toujours pas dans son Dictionnaire.

TOBOGGAN

ÇA GLISSE

« Toboggan » vient de plusieurs mots indiens du Canada, comme *otaban* ou *tabascan*, qui désignaient un traîneau pour le transport sur neige.

Il passe par la Grande-Bretagne où il entre dans l'*Oxford English Dictionary* en 1829. Au cours du xxe siècle, par analogie de forme, il va désigner une rampe inclinée sur laquelle on se laisse glisser par jeu. Le *Larousse classique illustré* de 1919 donne les deux définitions : « Sorte de traîneau bas, qui repose sur deux patins, et que recouvre une planche rembourrée. Glissière en bois, rectiligne ou contournée, qui est un jeu d'enfant. »

Bien que passé dans le langage courant, « toboggan » n'est toujours pas dans le Dictionnaire de l'Académie française. Il lui préfère *glissoire* avec une définition proche de celle d'origine : « chemin frayé sur la glace pour y faire des glissades. »

TOHU-BOHU

C'EST LE CHAOS

Ce mot est arrivé dans la langue française via la locution hébraïque *tohû webohû*, employée dans la Genèse

(I, 2) pour désigner le chaos, vague et vide, avant la création du monde.

Au XIIIe siècle, on parle d'abord de « toroul boroul » pour exprimer une certaine confusion. Rabelais, dans le *Quart Livre*, en 1552, fait passer ses protagonistes par Tohu et Bohu, deux îles désertes. C'est Voltaire qui, en 1764, est le premier à traduire en français la phrase de la Genèse : « La terre était tohu-bohu ». Le mot n'entre dans le Dictionnaire de l'Académie française que dans la septième édition, en 1878. La définition fait un retour historique, rappelant que c'est le nom que les livres hébraïques donnent au chaos primitif et complète en expliquant que le mot « se dit figurément d'Une grande confusion, d'un grand conflit d'opinions, de paroles [*sic*]. » L'édition suivante, en 1935, précise que le mot se dit figurément, mais aussi familièrement pour parler « d'une Grande confusion, d'un grand tumulte ou d'un bruyant conflit d'opinions, de paroles. » L'édition actuelle ne parle plus d'emploi familier, mais cite, par extension : « Tumulte bruyant. Il est impossible de s'entendre dans ce tohu-bohu. » Preuve qu'il est passé dans le langage courant. Le tohu-bohu a, en effet, effectué tant de chemin depuis la Genèse qu'il fut même chanté par Françoise Hardy, en 1981, dans le titre *Coupure de courant*, issu de son Album « À suivre »...

TOMATE

UN FRUIT D'ABORD SUSPECT

Les tomates sont originaires des vallées montagneuses des Andes péruviennes où elles poussaient bien avant l'arrivée des conquistadors espagnols. À mille lieues de la Marmande ou de l'Olivette que nous connaissons aujourd'hui, elles avaient la taille d'une cerise.

Des migrants emportèrent les graines de ce fruit sauvage jusqu'au Mexique et les Aztèques développèrent la culture de la *tomatl*, un mot qui, en nahuatl, une langue parlée dans de nombreux groupes ethniques du pays, signifiait « pousser ».

Lorsque les marins d'Hernán Cortés, venus chercher de l'or à Vera Cruz, en 1519, découvrent cette petite pomme rouge sur les marchés, ils ramènent des cargaisons de graines, avec l'intention de les planter en Europe.

Les premiers plants donnent leurs fruits dans les jardins de Séville, en Espagne, puis à Naples et à Gênes, en Italie, et enfin à Nice, dans la seconde moitié du XVIe siècle.

Mais les Européens restent très prudents face à ce fruit venu du Nouveau Monde. En raison de ses cinq sépales pointus, le pharmacien italien Petrus Matthiolus le classe dans la famille des solanacées, comme le tabac et surtout la maléfique mandragore qui sert à préparer les philtres de sorcellerie. Néanmoins, il la juge comestible et préconise de la faire frire dans de l'huile. L'agronome Olivier de Serres, lui, écrit que ce fruit n'est pas bon à manger et le recommande simplement pour décorer les tonnelles. Les ménagères méditerranéennes ne sont pas de cet avis et la cuisinent à l'huile d'olive.

Catherine de Médicis, l'épouse d'Henri II, a goûté à la « pomme d'amour » dans son Italie natale et compte bien l'imposer à la table du roi de France. Hormis dans le sud de l'Hexagone, le fruit reste très confidentiel jusqu'en 1789, même si le botaniste écossais Philip Miller l'a officiellement reconnu « comestible » depuis 1731.

La tomate est vraiment découverte dans la capitale en 1790, avec les révolutionnaires marseillais venus à la fête de la fédération. Ils en réclament aux aubergistes parisiens pour adoucir la saveur de leurs viandes trop salées.

Grimod de La Reynière, le premier critique gastronomique, fera de la tomate, dont il compare la couleur au sang versé par les insurgés, un emblème révolutionnaire, et expliquera comment on peut cuisiner ce fruit. C'est lui qui, en 1803, dans son livre *Almanach des gourmands,* donnera notamment la recette de la tomate farcie.

TORNADE

UN VIOLENT TOURBILLON

Bien sûr, il y a forcément eu des tornades dans l'Hexagone avant 1655, mais c'est à cette date que l'on commence à employer ce mot. Il vient de l'espagnol *tornado*, un mot formé à partir de *trueno*, « tonnerre », et du verbe *tornar*, « tourner ».

La tornade est, en effet, un mouvement tournant de l'atmosphère qu'Adam Olearius mentionne dans *Relation du voyage de Moscovie, Tartarie, et de Perse*, qu'il a traduit de l'allemand en 1656. Ce mathématicien, géographe et bibliothécaire était le secrétaire de l'ambassadeur que Frédéric III de Holstein-Gottorp envoya au Chah de Perse. Il explique en parlant des côtes d'Afrique : « Le temps est toujours inconstant sous la ligne. Le beau temps se changeant en un moment de pluyes, tonnerres & orages horribles. Les Pilotes les appellent *tornades*, & ils sont si furieux, qu'il semble, menasser le monde d'un bouleversement universel [*sic*]. » Le mot n'arrive dans le Dictionnaire de l'Académie française qu'en 1935 avec la définition de « bourrasque en tourbillon ».

À toutes les époques, ce phénomène a intéressé les scientifiques et les météorologues. Au XIXe siècle, le 19 août 1845, la tornade de Montville, en Seine-Inférieure, est la plus meurtrière recensée en France. Dans la presse, on ne parle pas de tornade, mais de trombe. Ainsi, comme le raconte la *Gazette de Metz et de Lorraine* du 23 août 1845 : « La trombe n'a causé à Rouen que des dommages réparables ; mais, à seize kilomètres de là, à Montville, elle a renversé trois manufactures importantes où travaillaient, au moment même de l'affreuse catastrophe, près de cinq cents ouvriers. Tous ont été engloutis sous les décombres ». On déplorera 75 morts. *Le Journal du Tarn* du 30 août emploie les mots « ouragan » et « génie malfaisant » pour parler de la catastrophe. Il cite le *Journal de Rouen* qui, lui, emploie le mot « trombe », et explique : « La trombe avait la forme d'un cône renversé, dont l'immense base semblait se confondre avec les nuages, tandis que le sommet, qui rasait la terre, avait un diamètre apparent de 8 à 10 mètres au plus ».

C'est en 1971 qu'un scientifique japonais naturalisé américain, Tetsuya Théodore Fujita, va développer avec Allen Pearson une échelle évaluant les dommages causés par les tornades.

L'échelle de Fujita qui inclut non seulement les dégâts causés par les tornades, mais également la largeur et la longueur du corridor de débris, est rapidement adoptée par le *National Weather Service*, le service météorologique des États-Unis. L'originale comporte six catégories, graduées de F0 à F5 – dégâts légers à dégâts incroyables – auxquelles s'ajoutent des catégories théoriques de F6 à F12 – dégâts incommensurables – encore jamais rencontrées.

Cependant, l'échelle de Fujita va rapidement montrer ses limites, car elle ne tenait pas compte, entre autres, des matériaux de construction.

En 1972, un physicien américain, Terence Meaden, va établir une nouvelle échelle de onze niveaux, l'échelle de *TORRO*, fondée sur la vitesse réelle du vent, pour classer les intensités des tornades.

Quant à l'échelle de Fujita, il en existe aujourd'hui une version améliorée qui pallie les manques de la première, avec notamment désormais vingt-huit indicateurs de dégâts. Elle a remplacé l'originale et elle est utilisée depuis la saison estivale 2007, aux États-Unis, par le *National Weather Service*.

TULIPE

L'ÉLÉGANTE COIFFURE

La tulipe poussait à l'état sauvage dans le massif du Pamir, aux confins de l'Afghanistan où, pour les Perses, elle symbolisait l'éternité, et au pied de la chaîne de l'Himalaya. C'est là que les nomades turcs la découvrirent et la ramenèrent à Constantinople, capitale de l'Empire byzantin, afin de la cultiver.

La fleur est tout de suite considérée comme sacrée, car, en turc, « tulipe » se dit *lâle* et s'écrit avec les mêmes lettres que « Allah ». Elle est alors représentée sur les céramiques des mosquées et plantée dans les riches jardins.

En 1453, lorsque le sultan Mehmet II conquiert Constantinople, la ville devient la capitale de l'Empire ottoman et se distingue rapidement par sa richesse et son commerce, qui atteint son apogée au XVIe siècle.

C'est à Ogier Ghiselin de Busbecq, ambassadeur de l'Empereur Ferdinand Ier d'Autriche auprès du sultan Soliman le Magnifique, que l'on doit les premières tulipes en Europe. Charles de L'Écluse, médecin de l'empereur Maximilien II, grâce aux connaissances en botanique qu'il avait acquises en étant l'assistant du naturaliste français Guillaume Rondelet, saura adapter sa culture au climat du Vieux Continent.

On lui donne le nom de *tulipan*, puis *tulipe* parce que la fleur rappelle le *tülbend*, le turban composé d'une longue bande d'étoffe enroulée d'une calotte de drap, que portaient les Turcs.

La plante bulbeuse, de la famille des liliacées, suscite un véritable engouement dans les Provinces-Unies.

Symbole de richesse et de beauté, elle apparaît dans le tableau de Maarten de Vos : *Portrait de la famille Anselme*, puis dans ceux des natures mortes de bouquets de fleurs du peintre Jan Bruegel l'Ancien et *La Vierge, l'Enfant Jésus et un ange dans une guirlande de fleurs* de Pierre Paul Rubens.

Au milieu du XVIIe siècle, la fleur provoque la première bulle spéculative et financière de l'histoire : la « crise de la tulipe ». Le prix d'un seul bulbe atteint une somme astronomique, environ 80 000 euros d'aujourd'hui, puis, tout à coup, le marché s'effondre. Les spéculateurs sont ruinés.

L'Empire ottoman, lui, voit sa puissance s'affaiblir, au début du XVIIIe siècle. Le gouvernement du grand vizir Nevsehirli Damat Ibrahim Pacha met en place une politique d'occidentalisation. Cette période de renouveau – entre 1718 et 1730 – sera appelée « l'ère des Tulipes », en référence à cette fleur qu'affectionnait particulièrement le sultan Ahmed III qui régnait alors sur l'Empire.

En France, la tulipe reste rare et onéreuse pendant des décennies, mais son nom ou sa forme inspire les artistes.

En 1819, le chansonnier Émile Debraux écrit et interprète la chanson *Fanfan la Tulipe*. Trente et un ans plus tard, Alexandre Dumas racontera l'histoire d'un horticulteur hollandais qui rêve de créer la tulipe noire, dans son roman éponyme. Le personnage de *Fanfan la Tulipe*, surnommé ainsi en raison de la broche en forme de tulipe que lui avait offerte Madame de Pompadour, sera repris de nombreuses fois. D'abord en 1859, par Paul Meurice, dans une pièce en 7 actes, dans une opérette de Jules Prével, Paul Ferrier et Louis Varney, dans un film de René Leprince, en 1925, puis de Christian-Jaque, en 1952, où *Fanfan* est interprété par Gérard Philipe. Le réalisateur réempruntera le nom de cette fleur, en 1964, pour son film de cape et d'épée : *La Tulipe Noire*, avec Alain Delon.

Tulipe sera aussi un personnage, perdu dans un souterrain parsemé de squelettes, dans *Le Vin des morts*, de Romain Gary, paru en 1937. Neuf ans plus tard, l'auteur donnera le titre de *Tulipe* à un roman, dédicacé à Léon Blum, racontant l'histoire d'un rescapé de Bergen-Belsen qui vit à Harlem.

Au début du XXe siècle, l'Art nouveau s'inspire, lui, de l'esthétique de ses courbes pour créer les fameuses lampes tulipes, avec un pied en métal et un abat-jour en pâte de verre.

Dans les années 1950, le couturier Christian Dior, passionné de fleurs, dessinera la jupe tulipe. Suggérant la forme inversée de la fleur, sa jupe a une taille haute marquée par une bande, des fronces qui lui donnent une allure bouffante sur les hanches, elle est resserrée sur le bas, puis finit droite.

Si la Hollande est désormais mondialement connue pour ses tulipes et a même institué, en janvier, une journée nationale de la tulipe, en Turquie, les hommes ne portent plus de *tülbend*. En revanche, la fleur figure sur le logo officiel du pays, utilisé dans les campagnes publicitaires et, chaque année, la ville d'Istanbul organise le Festival de la Tulipe, devenue le symbole de la municipalité.

V

VASISTAS

QUI EST LÀ ?

Autrefois, les portes des maisons allemandes avaient une petite ouverture appelée « guichet ». Lorsqu'un visiteur toquait, le propriétaire demandait : « *Was ist das ?* » « Qu'est-ce que c'est ? »

Au fil des années, cette question servit à nommer d'abord le « guichet », puis des petites fenêtres. *Wass-ist-dass*, *wasistas*, puis « vasistas » arriva en France par l'est et le nord-est, à la fin du XVIIIe siècle.

Le mot entre dans le Dictionnaire de l'Académie en 1798 avec cette définition : « petite partie d'une porte ou d'une fenêtre, laquelle partie s'ouvre ou se ferme à volonté. » Au siècle suivant, le vasistas fait partie du vocabulaire courant. On recommande de les ouvrir dans les *Annales d'hygiène publique et de médecine légale*, publiées en 1829. C'est aussi un mot que l'on retrouve souvent dans les romans de Zola, à l'instar de *L'Assommoir*, car le vasistas va devenir la fenêtre des pauvres, de ceux qui vivent sous les toits, et qui ont, sur une autre condition sociale, peu d'ouverture.

Z

ZOUAVE

UN SOLDAT ÉTALON

En août 1830, au lendemain de la prise d'Alger, le comte de Bourmont, général en chef du corps expéditionnaire, a besoin de soldats au service de la France. Il va les chercher, là où ils sont traditionnellement recrutés, dans la région du Djurdjura, un massif montagneux du nord de l'Algérie. Les hommes issus d'une confédération de tribus kabyles, les *Zwàwa*, vont, en français, devenir les « Zouaves ». Leur premier corps, d'abord formé de deux bataillons, est créé par le général Clauzel dès le mois de septembre. Entre octobre 1830 et janvier 1831, ils combattent le bey de Tittery, occupent Blida, une ville située au sud-ouest d'Alger, et Médéa, dans l'Atlas tellien, au nord du pays. Un troisième bataillon voit le jour en 1837. Les Zouaves s'illustrent à la bataille de l'Ouarsenis, en 1842, à Isly, deux ans plus tard, puis prennent Zaatcha, en novembre 1849. Napoléon III, dans un décret du 1er février 1852, porte leurs effectifs de trois bataillons, à trois régiments, puis affecte un quatrième à la Garde impériale, en 1854.

Ces étranges combattants, vêtus notamment d'une veste boléro bleu foncé, d'une culotte bouffante ornée d'une ceinture de laine bleue et coiffés d'une chéchia à gland, sortent d'Algérie pour la première fois en 1853, et partent combattre à la guerre de Crimée. Ils s'illustrent de nouveau à la bataille de l'Alma, en prenant les Russes par surprise.

L'empereur entend bien immortaliser cette victoire et fait construire un nouveau pont parisien qui portera le nom de l'Alma. Pour rendre hommage aux vaillants soldats, quatre statues, qui seront disposées sur les piles, sont commandées à deux sculpteurs. On confie la réalisation d'un chasseur à pied et d'un artilleur à Auguste Arnaud et celle d'un grenadier et d'un Zouave à Georges Diebolt.

Le pont est inauguré le 2 avril 1856 par Napoléon III. Il se rend également au Champ de Mars pour la remise des drapeaux aux régiments revenant de Crimée.

De toutes les statues, c'est le Zouave, taillé dans du calcaire, mesurant 5,2 m et pesant huit tonnes, qui intrigue le plus les Parisiens. Il est vrai que ce soldat a fière allure. Avec son visage fin, sa barbichette et son corps solide, il répond aux canons de la beauté du Second Empire. À le regarder, on le croirait tout droit venu de Crimée ; pourtant, André-Louis Gody, qui a servi de modèle à la statue, n'a jamais traîné ses guêtres du côté de Sébastopol, près du fleuve de l'Alma. Huitième enfant de François Joseph Gody et de Marie Barbe Pouilly, il a vu le jour à 5 heures du matin, le 24 novembre 1828, à Gravelines, dans le Nord. Son père était cabaretier, c'est-à-dire qu'il tenait un petit établissement où l'on servait du vin et à manger. Sa mère meurt subitement alors qu'il n'a que 2 mois. François Joseph Gody part vivre avec ses enfants, à Marquise, dans le Pas-de-Calais, d'où son épouse décédée et lui-même sont originaires. À 19 ans, André-Louis s'engage dans l'armée et passera près de 15 ans dans les régiments des Zouaves, notamment en Algérie.

Lorsqu'il rentre brièvement en France, son frère, qui est marbrier à Paris, le présente à Diebolt. Il pose pour lui pendant plus de deux semaines et reçoit un Napoléon d'Or par jour en guise de salaire.

Dès cet intermède artistique terminé, Gody va rejoindre son régiment. Il repart pour l'Afrique, y reste jusqu'en 1869, puis revient dans sa région natale où il exerce la profession de tailleur de pierre. Quand la guerre de 1870 éclate, il s'engage encore une fois. Il est fait prisonnier par les Prussiens et libéré en avril 1871. Le 7 janvier 1878, alors qu'il approche de 50 ans, il se marie à Boulogne-sur-Mer avec Marie-Alphonsine Duporge, une couturière âgée de vingt ans de moins que lui. C'est dans cette ville que naîtront plusieurs de leurs filles : Clarisse, en 1879, Sophie, en 1880, et Augustine, en 1887. L'ancien Zouave devenu marbrier y mourra le 20 mai 1896, au petit matin, à l'âge de 67 ans et demi, mais restera dans la mémoire collective. Les Parisiens en ont fait l'étalon des crues de la Seine. En janvier 1910, le fleuve atteint 8,62 m, l'eau se répand dans les rues de la capitale et le Zouave manque de boire la tasse.

En 1924, 1945 et 1955, la Seine atteint respectivement 7,32 m, 6,85 m et 7,10 m et il se retrouve la culotte dans l'eau. Fidèle à la devise de la Ville de Paris : *Fluctuat nec mergitur*, « il est battu par les flots, mais ne sombre pas ». En 1974, les travaux de consolidation et d'élargissement du pont de l'Alma, commencés quatre ans plus tôt, sont terminés. Le Zouave est déplacé sur une pile, de l'autre côté du pont, mais perd ses trois autres compagnons. Le grenadier est transféré à Dijon, ville natale du sculpteur Georges Diebolt et installé en bordure du lac Kir. L'artilleur, d'Auguste Arnaud, est offert par la Ville de Paris à La Fère, une commune du département de l'Aisne, où, sur ordonnance royale du 5 février 1720, fut créée la première école d'artillerie qui comptera parmi ses futurs ingénieurs l'écrivain Choderlos de Laclos. Le chasseur, lui, rejoint le bois de Vincennes.

L'intrépidité de ces soldats des unités françaises de l'armée d'Afrique donnera naissance à l'expression « faire le zouave », signifiant « faire le malin, se faire remarquer ». Et par allégorie au Zouave du pont de l'Alma qui scrute indéfiniment l'horizon : « Attendre, perdre son temps ou être inoccupé ».

Le Zouave sera aussi une source d'inspiration pour Georges Brassens. Dans sa chanson *Les Ricochets*, il entonne que « l'eau coulant sous les pieds du zouzou était imbuvable ». Quant à Serge Reggiani, il lui consacrera une chanson *Le Zouave du pont de l'Alma*, mais le baptisera « Octave ». Un intermède musical qui aurait pu se jouer sur des notes de musique berbère…

BIBLIOGRAPHIE

La bibliographie n'est pas exhaustive. Elle se limite aux ouvrages, aux sites internet et aux archives qui furent les plus déterminants pendant mes recherches.

Alzial Sylvain et Petit Aurore, *Des mots globe-trotters l'histoire des mots d'ici venus d'ailleurs*, Arles, Actes Sud junior, 2013.

Augé Claude, *Larousse classique illustré, Nouveau Dictionnaire encyclopédique*, Paris, Librairie Larousse, 1919.

Dictionnaires de l'Académie française de la première édition de 1694 à l'édition actuelle.

Dictionnaire historique de la langue française, sous la direction de Alain Rey, Paris, Le Robert, 2010.

Dictionnaire universel françois et latin, le Dictionnaire de Trévoux, tomes 1 à 7, Paris, 1771.

Furetière Antoine, *Dictionnaire universel, contenant generalement tous les mots François tant vieux que modernes, & les Termes de toutes les Sciences et des Arts,* tome 1, La Haye/Rotterdam, Chez Arnout & Reinier Leers avec Privilege, 1690.

Hatzfeld Adolphe et Darmesteter Arsène, *Dictionnaire général de la Langue française. Du commencement du XVIIe siècle jusqu'à nos jours, précédé d'un traité de la formation de la langue*, tome 2, avec le concours d'Antoine Thomas, Paris, Librairie Ch. Delagrave, 1890.

Huguet Edmond, *Dictionnaire de la langue française du seizième siècle*, tome 2, tome 5, Paris, Librairie ancienne Honoré Champion, 1932, 1961.

Hugo Caroline de, *Les Mots vagabonds*, Paris, Mango Jeunesse, 2003.

Littré Émile, *Dictionnaire de la langue française*, tome 1, tome 3, Paris, Librairie Hachette et Cie, 1873, 1874.

Messieurs Guérard et Sardou, *Dictionnaire général de la Langue française*, Paris, FD Tandou et Cie, Libraires-Éditeurs, Rue des Écoles, 78, 1864.

Pastoureau Michel, *Rouge. Histoire d'une couleur*, Paris, Seuil, 2016.

Picoche Jacqueline, *Dictionnaire étymologique du français*, Paris, Le Robert, Collection Les Usuels, 2006.

Sites internet

www.orthogrenoble.net
https://gallica.bnf.fr
www.cnrtl.fr
www.larousse.fr
https://dictionnaire.lerobert.com

Imprimé en France par CPI Firmin-Didot
en mars 2025
N° d'impression : 183310
ISBN : 978-2-48717-884-7
Dépôt légal : mars 2025